早期教育专业系列教材

U0659711

0～3岁
婴幼儿情感与社会性
发展及教育

主　编／王丽娇　李焕稳

北京师范大学出版集团
BEIJING NORMAL UNIVERSITY PUBLISHING GROUP
北京师范大学出版社

图书在版编目（CIP）数据

0~3岁婴幼儿情感与社会性发展及教育 / 王丽娇，李焕稳主编 . — 北京：北京师范大学出版社，2024.7
（早期教育专业系列教材）
ISBN 978-7-303-28148-0

Ⅰ . ① 0… Ⅱ . ①王… ②李… Ⅲ . ①婴幼儿－早期教育－教材 Ⅳ . ① G61

中国版本图书馆 CIP 数据核字 (2022) 第 167597 号

教材意见反馈： gaozhifk@bnupg.com 010-58805079
营销中心电话： 010-58802755　58801876

出版发行：北京师范大学出版社 www.bnupg.com
　　　　　北京市西城区新街口外大街 12-3 号
　　　　　邮政编码：100088
印　　刷：北京溢漾印刷有限公司
经　　销：全国新华书店
开　　本：787mm×1092mm　1/16
印　　张：9.75
字　　数：172 千字
版　　次：2023 年 1 月第 1 版
印　　次：2024 年 7 月第 2 次印刷
定　　价：35.80 元

策划编辑：王　超　　　　　责任编辑：王　超
美术编辑：焦　丽　　　　　装帧设计：焦　丽
责任校对：陈　荟　　　　　责任印制：陈　涛　赵　龙
封面插图：李铭瀚

前　言

2019 年 5 月，《国务院办公厅关于促进 3 岁以下婴幼儿照护服务发展的指导意见》印发。文件要求高等院校和职业院校（含技工院校）根据需求开设婴幼儿照护相关专业，合理确定招生规模、课程设置和教学内容，将安全照护等知识和能力纳入教学内容，加快培养婴幼儿照护相关专业人才。2019 年 9 月，《教育部办公厅等七部门关于教育支持社会服务产业发展　提高紧缺人才培养培训质量的意见》要求统筹推进专业设置、课程体系建设、师资队伍建设、学生资助、实习实践基地建设等人才培养培训各环节，扩大专业人才供给规模，提高专业人才培养质量。

2019 年 10 月，国家卫生健康委发布《托育机构设置标准（试行）》和《托育机构管理规范（试行）》，要求托育机构配置综合管理、保育照护、卫生保健、安全保卫等工作人员；继而于 2021 年 1 月发布《托育机构保育指导大纲（试行）》。这为托育机构向 3 岁以下婴幼儿提供科学、规范的照护服务，促进婴幼儿健康成长给予了政策支持和引导，同时也为本书的撰写指明了方向。

习近平总书记在作二十大报告时，在讲到"实施科教兴国战略，强化现代化建设人才支撑"方面，特别强调"教育是国之大计、党之大计。培养什么人、怎样培养人、为谁培养人是教育的根本问题。育人的根本在于立德。全面贯彻党的教育方针，落实立德树人根本任务，培养德智体美劳全面发展的社会主义建设者和接班人。"本书坚持落实立德树人根本任务，以《托育机构保育指导大纲（试行）》提出的有关婴幼儿情感与社会性方面的指导建议为编写依据，以促进婴幼儿情感与社会性积极发展为目标，从儿童心理发展理论研究成果和 0～3 岁婴幼儿社会性教育实践两个方面入手，对以下几个方面的内容进行了详细阐述：0～3 岁婴幼儿情感与社会性发展及教育的基本问题；0～3 岁婴幼儿自我（自我概念、自尊、自我控制）的发展与教育；0～3 岁婴幼儿社会行为（交往行为和亲社会行为）的发展与教育；0～3 岁婴幼儿社会适应（生活适应和环境适应）的发展与教育；0～3 岁婴幼儿情感与社会性发展问题（分离焦虑与攻击性行为）及干预。理论研究成果的阐述简明、易懂；教育实践的呈现以案例为主，分为保教机构中的教育实践和家庭中的教育实践两类。这些内容增强了本书的应用性和操作性，为高等院校和职业院校（含技工院校）培养婴幼儿照护人才提供了课程建设的依据。

本书由天津师范大学学前教育学院王丽娇、李焕稳主编，宁波外事学校朱竹林、邯郸幼儿师范高等专科学校张海静、石家庄理工职业学院李思雯参与编写。书中保教机构的教育案例多由天津市河西保育院提供，其他案例多由作者编写。全书由王丽娇统稿。

在编写过程中，本书引用了中国儿童中心"小脚印"早教基地和许多家庭、幼儿园教师的教育案例，在此一并表示感谢。

由于作者的能力水平有限，书中难免存在疏漏，在此，望广大读者批评指正，以便于作者今后对本书进行修正和改进。

编者

2022 年 11 月

目　录

单元一 0～3岁婴幼儿情感与社会性发展概述

导言

　　使婴幼儿具有良好的情绪情感特征，充分体验当下的生活并为将来的生活、学习和工作打下良好的行为习惯基础是0～3岁婴幼儿教养的重心。本单元将从理论层面揭示婴幼儿情感与社会性发展的本质，共包括两个学习任务：任务一主要介绍了婴幼儿情绪与社会性发展的含义、婴幼儿情感与社会性发展的特点以及影响因素；任务二详细介绍了有关婴幼儿情感与社会性发展的精神分析理论、社会学习理论、认知发展理论及现代生物学与生态学理论。

学习目标

1. 了解婴幼儿情绪与社会性及其发展的含义。
2. 领会婴幼儿情感与社会性发展的特点。
3. 掌握婴幼儿情感与社会性发展的影响因素。
4. 了解婴幼儿情感与社会性发展的基本理论。

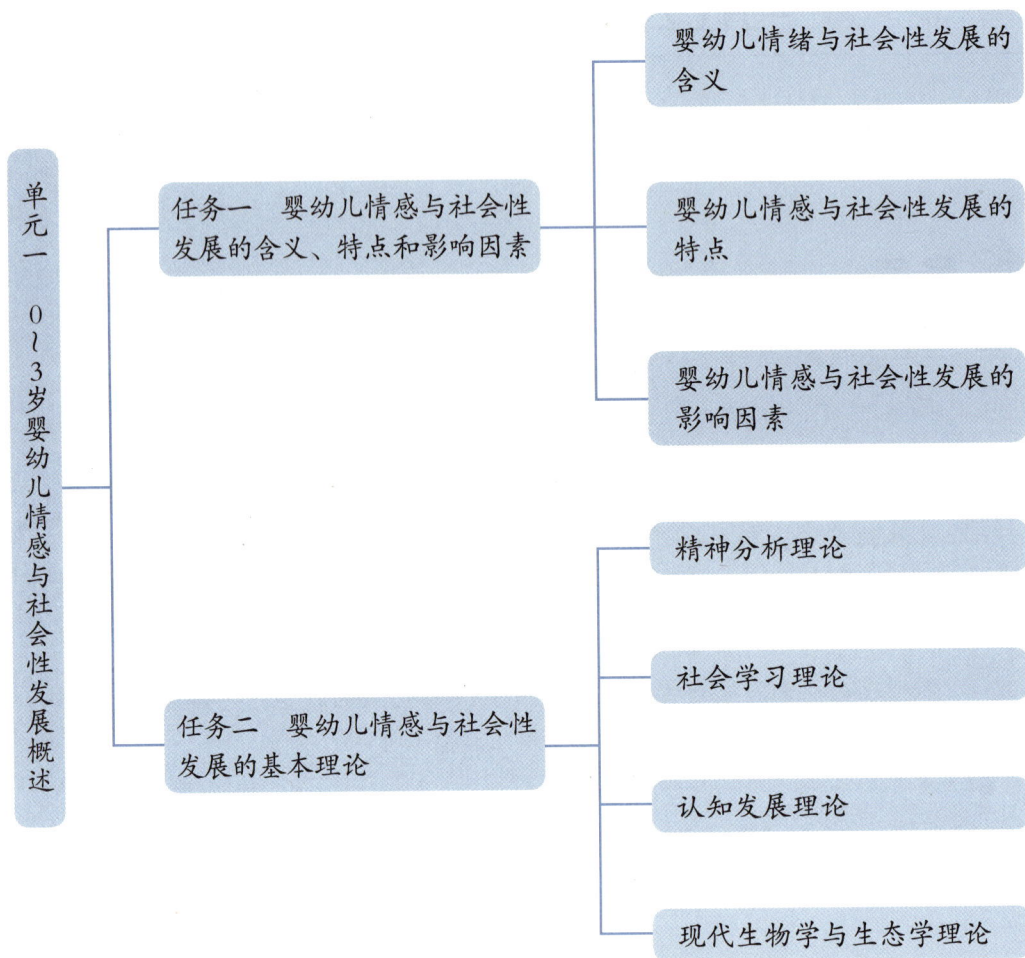

知识导览

- 单元一　0~3岁婴幼儿情感与社会性发展概述
  - 任务一　婴幼儿情感与社会性发展的含义、特点和影响因素
    - 婴幼儿情绪与社会性发展的含义
    - 婴幼儿情感与社会性发展的特点
    - 婴幼儿情感与社会性发展的影响因素
  - 任务二　婴幼儿情感与社会性发展的基本理论
    - 精神分析理论
    - 社会学习理论
    - 认知发展理论
    - 现代生物学与生态学理论

任务一　婴幼儿情感与社会性发展的含义、特点和影响因素

情绪和情感是与人的特定的主观愿望或需要相联系的，过去曾被统称为感情。稳定的情感是在情绪的基础上形成的，而且通过情绪来表达。鉴于0~3岁婴幼儿情绪情感的发展多表现为情绪的发展，本单元在介绍婴幼儿情感与社会性发展的含义时以情绪与社会性发展为主。

一、婴幼儿情绪与社会性发展的含义

（一）情绪与情绪社会性的含义

情绪是有机体反映客观事物与主体需要之间的关系的态度体验。情绪无好坏之分，一般分为积极情绪和消极情绪。但由情绪引发的行为则有好坏之分，行为的后果也有好坏之分，所以情绪管理并非消灭情绪，而是疏导情绪并使人的信念与行为更为合理。人类的基本情绪分为高兴、悲哀、愤怒和恐惧。

情绪社会性是婴幼儿社会性最初的表现形式，且情绪社会性随着个体心理的不断发展而成熟。在个体心理的发展过程中，情绪社会性是婴幼儿社会性的重要组成部分。例如，婴幼儿通过情绪反应表达其需求和与他人交往，因此，情绪反应可促进婴幼儿产生意识，形成个性。另外，随着年龄的增长，婴幼儿的神经系统不断发育成熟，内抑制能力也不断加强，因而情绪反应具有渐趋稳定的特点。

（二）社会性和婴幼儿社会性发展的含义

社会性是指社会中的个体为适应社会生活所表现出来的心理和行为特征。广义上，社会性可以理解为人在社会生活中所形成的全部社会特征的总和，是与人的生物性相对而言的，是人在社会实践活动中所获得的属性。个体的社会性一般可分为两类：一类是个体基于出生时所处的既定历史条件和社会关系（如家庭出身、籍贯、居住地区等）所获得的先赋社会性，例如，在个体向他人介绍自己是南方人时，听众就会下意识地给介绍者贴上一个对南方人既往印象的属性标签。可能与事实有出入，但籍贯所带来的暗示信息就这样在人们初次见面时留下了烙印。另一类是个体通过自身活动继承、学习、创造的特性，称为后生社会性。例如，随着婴幼儿年龄的增长，教育者要求他们有礼貌地和他人打招呼。经过不断练习，有礼貌地与他人打招呼变成了婴幼儿的一个交往习惯。

狭义的社会性是指个体在掌握社会规范、形成社会技能、学习社会角色的社会化过程中所产生的一种心理特征。[①]

婴幼儿社会性发展是指婴幼儿在与他人的互动中表现出来的行为模式、情感、态度和观念以及这些方面随着年龄而发生的变化。[②]

二、婴幼儿情感与社会性发展的特点

婴幼儿情感与社会性发展的心理结构主要包括自我意识、社会认知、社会情感、社会行为技能、社会适应和道德品质六大系统。它们之间有机联系、相互作用，构成一个纵横交错的整体结构。0～3岁婴幼儿情感与社会性的发展主要涉及情感与自我意识、社会行为、社会适应等方面。婴幼儿情感与社会性的发展和婴幼儿其他心理方面的发展一样，呈现出以下趋势及特点。

（一）从简单到复杂

1. 从早期的单纯的社会化反应到情感发展的丰富化

新生儿的情绪基本都是生理性的，是一种原始的、本能的反应，由机体内外某些适宜、不适宜的刺激所引起，并反映机体当时的内部状态、生理需要。例如，吃饱了，新生儿会快乐而放松，而当他们受伤、感到饥饿或者受到惊吓时，他们就会大哭。但是，婴儿自降生起，即进入人类社会环境中，和成人相互交往，在人际交往中实现着情绪的社会化，如2～4个月的婴儿会出现社交性微笑。当然，他们的消极情绪也会随着年龄的增长而变化，出现陌生人焦虑、分离焦虑等情况，到学步儿阶段还会出现自豪、羞怯、尴尬等有关自我意识的情绪等。

2. 从早期的单一的亲子交往到多样化的人际交往

婴幼儿在头3年里，虽然主要与其父母交往，但事实上也开始了同伴间的交往，并在交往中显现出社交方式和社会接受性方面的差异。同时，随着婴幼儿活动的增加、活动范围的扩大，以及认知能力的增长，其与同伴交往的时间越来越长，同伴交往在其生活中所占的比例越来越大，并对婴幼儿个性、情感与社会性发展发挥着日益重要的作用。

（二）从被动到主动

婴幼儿的社会行为与个体的自我控制有关。幼儿在2岁时就开始出现自我控制。但自我控制能力是有限的，幼儿需要借助成人的语言和行为来调控自身的社

---

① 周梅林：《学前儿童社会教育活动指导》，2页，上海，复旦大学出版社，2009。

② 俞国良、辛自强：《社会性发展心理学》，2页，合肥，安徽教育出版社，2004。

会行为。2岁之前的幼儿时常能遵从成人的要求；2~3岁的幼儿随着自我意识的发展以及行动与语言能力的增强，表现得执拗和逆反，独立性明显增强。其情感与社会性发展呈现出由被动到主动的趋势。

三、婴幼儿情感与社会性发展的影响因素

婴幼儿情感与社会性发展受制于遗传和环境的相互作用。遗传为婴幼儿情感与社会性发展提供了可能性，而环境将这种可能性变为现实。教育是环境的重要组成部分，在社会化中起着主导作用。但是环境和教育的作用必须通过婴幼儿的活动、主客体的相互作用才能发挥。因此，探讨影响婴幼儿情感与社会性发展的因素，可以从婴幼儿自身、家庭、保教机构和社会文化四个方面来进行。

（一）婴幼儿自身

婴幼儿情感与社会性发展是其在自身生物特性的基础上，与社会环境相互作用的结果。0~3岁婴幼儿情感与社会性发展必然受到生物特性的制约。比如，人们较普遍地认为，男童攻击性行为的出现频率要高于女童，这与男童和女童在染色体上的差异有关。

1. 大脑的成熟

婴幼儿早期丰富的生活经验和良好的营养促进了大脑的发育，大脑的成熟同时也促进了情感与社会性的发展。例如，婴幼儿的社会性微笑、最初的大笑、对特定人的情绪反应以及情绪分化能力是随着大脑皮层的成熟而出现的。

拓 展 学 习

"害羞的脑"

美国心理学家戴维森（R. Davidson）和福克斯（Fox）选择了一些10个月大的婴儿，由妈妈抱着来到实验室。研究者在婴儿安静、放松的状态下，测量了婴儿两半球额叶的脑电活动。30分钟以后研究者让妈妈对孩子摆摆手说再见并离开实验室，同时记录下婴儿的反应，如是否哭泣、哭了多长时间等。结果发现，额叶的活动特点可以预测婴儿与妈妈分离后的反应。那些右额叶脑电活动较多的婴儿更容易在妈妈离开时大哭大闹，而左额叶脑电活动较多的婴儿则不会那么难过。

其他研究者也得出类似的结果：右额叶脑电活动较多的人更容易表现出害羞、忧郁等特点，而左额叶脑电活动较多的人更容易表现出高兴、好奇等特点。害羞的人，好像长着一个"害羞的脑"。不过也有研究者发现

拓 展 学 习

并不是所有的右额叶脑电活动较多的人都会害羞，这只是影响一个人害羞的原因之一。

2. 气质

0～3岁婴幼儿自身的因素中，对情感与社会性发展产生显著影响的是气质。

气质是人心理活动动力方面比较稳定的心理特征。气质使人的全部心理活动都染上独特的色彩。[1]在婴幼儿心理学研究领域，学者对于气质类型的研究较多。在此，我们根据托马斯和切斯（A. Thomas & S. Chess）等人的研究，将婴幼儿的气质分为容易照看型、难以照看型和缓慢发动型三类，依此来说明气质对婴幼儿情感与社会性发展的影响。

拓 展 学 习

托马斯和切斯的气质三类型说[2]

托马斯、切斯等人在对婴儿进行大量追踪研究的基础上，根据他们确立的气质九维度标准，将婴儿的气质类型划分为以下三种。

容易照看型：简称"容易型"，大多数婴儿属于这一类型，约占托马斯、切斯全体研究对象的40%。这类婴儿在吃、喝、睡、大小便等生理机能方面很有规律，节奏明显，容易适应新的环境，也容易接受新事物和不熟悉的人。他们一般积极、愉快、爱玩，对成人的交往行为反应积极。他们生活规律，情绪愉快，且对成人的抚养活动进行大量的积极反馈（强化），因而容易受到成人的关怀和喜爱。

难以照看型：简称"困难型"，这一类婴儿人数较少，约占10%。他们突出的特点是时常表现为大声哭闹、烦躁易怒或爱发脾气，不易安抚，在饮食、睡眠方面缺乏规律，对新事物、新环境接受很慢。他们的情绪总是不好，在游戏中也不愉快。成人需要费很大的力气才能使他们接受抚养，很难得到他们的正面反馈。由于这种孩子对父母来说是较大的麻烦，在养育过程中容易使亲子关系疏远，因此需要成人付出极大的耐心。

缓慢发动型：简称"迟缓型"，约有15%的被试属于这一类型。这一

---

[1] 王振宇：《学前儿童发展心理学》，1页，北京，人民教育出版社，2011。

[2] 林崇德：《发展心理学》，2页，北京，人民教育出版社，2009。

拓展学习

类婴儿的活动水平低，行为反应强度总是很弱，情绪总是消极而不甚愉快，但也不像困难型的宝宝那样总是大声哭闹，而是常常表现得安静退缩、情绪低落。他们往往逃避新刺激、新事物，对外界环境及生活变化适应较慢。但在没有压力的情况下，他们也会缓慢地对新刺激产生兴趣，在新情况中能逐渐地活跃起来。随着年龄的增长，这一类婴幼儿会依成人抚养和教育情况的不同而发生分化。

以上三种类型只涵盖了约65%的婴儿，另有约35%的婴儿不能简单地被划归到上述任何一种气质类型中。他们往往具有上述两种或三种气质类型的混合特点，属于上述类型的中间型或过渡（交叉）型。

婴幼儿早期表现出来的气质特点、个体差异，会通过影响婴幼儿与环境的相互作用，对他们以后的发展产生重要影响。

在日常生活中，难以照看型的婴幼儿很容易引起母亲或其他主要抚养者的手忙脚乱、不知所措。如果抚养者未意识到这一点，不能及时调整自己的心态和行为方式，就很容易对孩子态度不好，甚至产生责骂孩子、做事时摔摔打打等行为，这样更加容易使婴幼儿形成急躁的性格。[1]

难以照看型的婴幼儿因为需要特殊教养，往往会引起抚养者的三种反应。第一，抚养者会因照顾这类婴幼儿时所遇到的困难而觉得自己不称职，感到不安或惭愧。他们可能会认为自己总是在不自觉地拒绝婴幼儿或者不爱婴幼儿，进而认为自己不适合做婴幼儿的抚养者。第二，抚养者会因此而责怪婴幼儿，怨恨婴幼儿对抚养者有过多的要求。第三，抚养者在教养过程中对婴幼儿经常性的大声哭闹和反抗情形感到束手无策，别无他法。

有以上反应的抚养者很难为婴幼儿提供耐心的、循序渐进的指导，而这种指导正是这类婴幼儿所需要的。

而容易照看型的婴幼儿生活规律，心情愉快，可以对抚养者的抚养活动进行较多的积极反馈，因而容易受到抚养者的关怀和喜爱，使婴幼儿与抚养者之间能够形成良好的亲子关系，使婴幼儿更加信任他人，更具有亲和力，情感与社会性发展就会更理想一些。[2]

---

[1] 杨丽珠、杨春卿：《幼儿气质与母亲教养方式的选择》，载《心理科学》，1998（1）。

[2] 林崇德：《发展心理学》，2、167页，北京，人民教育出版社，2009。

其实，气质虽然是"固定"的，但婴幼儿的性格是可以培养的。抚养者适宜的、有针对性的教育会帮助婴幼儿在成长过程中形成良好的行为模式和个性品质。

3. 与环境的积极互动

情感与社会性发展是个体在同外界环境相互作用的过程中逐渐实现的。因此，0~3岁婴幼儿只有与外界环境展开积极的互动，参加各种活动，主动适应环境，才能更好地实现情感与社会性的发展。婴幼儿的主动性会受到抚养者的制约。如果家庭提供了正面的条件，多数婴幼儿会在自己所处的文化中得到发展。养育环境中缺乏刺激，或者刺激具有伤害性，都无法使婴幼儿获得成长的有效经验，无法促进其大脑的正常发育。

如果0~3岁婴幼儿与社会环境互动不良，参与性不足甚至缺失，不接受来自社会环境的信息，环境的影响就很难进入0~3岁婴幼儿的主观世界，这会使婴幼儿出现情感与社会性发展迟缓甚至停滞的状况。

4. 认知水平

婴幼儿与社会环境相互作用，需要个体的认知作为桥梁。一切外界客观信息，只有被婴幼儿注意并认识到后，才可能转化为婴幼儿的主体观念和行为。因此，0~3岁婴幼儿的认知水平对情感与社会性的发展影响很大。0~3岁婴幼儿的思维发展水平还处于动作思维水平，因此，他们有可能会出现因为不理解抚养者的言语要求而不听话的情况。例如，8~9个月时，婴儿可以遵循简单的指令，前提是指令的内容是他们能够看到的。18个月时，幼儿能执行单一的指令。36个月时，幼儿能执行包含两条信息的指令。如果成人的语言指令超出了婴幼儿的理解能力，他们就会显得"不听话"。

（二）家庭

家庭是个体社会化的摇篮，是个体社会化最初和长期的场所。抚养者是社会文化的第一代理人，既为婴幼儿社会化提供模仿的榜样，又承担着终身教育和全方位培养婴幼儿的任务；由家庭成员构成的家庭关系、家庭气氛对婴幼儿社会化的影响尤其重要和深刻；家庭的经济状况和物质生活条件对婴幼儿的社会交往能力、独立性及社会适应能力有着直接的制约作用；抚养者的教养态度和教养方式可以说是婴幼儿社会化的关键因素。[①]影响0~3岁婴幼儿情感与社会性发展的家庭因素有很多，也比较复杂。在此，我们主要从家庭结构、亲子关系和教养方式三大方面进行探讨。

---

① 李幼穗：《儿童社会性发展及其培养》，43页，上海，华东师范大学出版社，2004。

1. 家庭结构

家庭结构是指家庭诸分子（家庭成员）不同层次和序列的结合。[①]按照家庭的自然构成分类，家庭结构的类型包括核心家庭、主干家庭、扩大家庭、重组家庭、单亲家庭、隔代抚养家庭、丁克家庭等。家庭结构不同，家庭功能、家庭关系、家庭生活的方式就不相同，而这些会对婴幼儿的情感与社会性发展产生不同的影响。21世纪以来，我国的家庭结构发生了很大变化，家庭趋向核心化。我国家庭结构的变化，必然影响着婴幼儿的身心发展。

核心家庭中婴幼儿的独立性、自控能力、敢为性等方面要好于主干家庭。这种差异在3岁前并不明显，随着年龄的增长会逐渐突出。任何一种组成方式都有可能培养出身心健康的婴幼儿，因此，家庭作为一种系统可能会通过多种方式影响婴幼儿的发展。

2. 亲子关系

亲子关系是指父母与其亲子女、养子女或继子女之间的关系。[②]亲子关系对婴幼儿情感与社会性发展的影响是毋庸置疑的。亲子关系是婴幼儿最重要也是最初的人际关系。这种人际关系的具体表现为母婴依恋。婴幼儿通过母婴依恋最初实现了情感社会化，开启了其社会化进程，逐渐形成社会性。

依恋是婴幼儿与主要抚养者（通常是母亲）间的最初的情感与社会性联结，也是情感社会化的重要标志。依恋不是突然发生的，依恋的性质也是有所不同的。依恋对婴幼儿心理发展具有重大作用，尤其是母婴依恋。婴幼儿是否同母亲形成依恋及依恋性质如何，直接影响婴幼儿情感与社会性行为、性格特征，以及与人交往的基本态度的形成。

需要注意的是，当家庭抚养人无法承担这一角色时，照护者也可以与婴幼儿建立依恋关系，以此支持婴幼儿安全感、信任感的发展。

根据心理学家鲍尔比（J. Bowlby）等人的研究，依恋是婴幼儿在同母亲较长期的相互作用中逐渐建立的，其发展过程可分为以下四个阶段。

第一阶段：无差别的社会反应阶段（0～3个月）。

第二阶段：有差别的社会反应阶段（3～6个月）。

第三阶段：特殊的情感联结阶段（6～24个月）。

第四阶段：目标调整的伙伴关系阶段（24个月以后）。

---

① 赵忠心：《家庭教育学——教育子女的科学与艺术》，147页，北京，人民教育出版社，2001。

② 朱智贤：《心理学大词典》，493页，北京，北京师范大学出版社，1989。

从六七个月起，婴幼儿对母亲的存在更加关切，特别愿意与母亲在一起。只要母亲在身边，婴幼儿就能安心地玩耍和探索周围环境，好像母亲是其安全的基地。婴幼儿明显出现了对母亲的依恋，形成了专门的和母亲的情感联结。

婴幼儿对母亲的依恋的性质各不相同。婴幼儿存在以下三种依恋类型。

第一种，安全型依恋，这类婴幼儿占65%～70%。

第二种，回避型依恋，这类婴幼儿约占20%。

第三种，反抗型依恋，这类婴幼儿占10%～15%。

其中，安全型依恋为良好、积极的依恋，而回避型依恋和反抗型依恋又称为不安全型依恋，是不良、消极的依恋。

婴幼儿的依恋类型具有明显的稳定性，但在家庭环境发生较大变化时，如母亲与婴幼儿的交往发生大转变时，依恋也可能发生变化。安全型可转为不安全型，或者不安全型可转为安全型。

婴幼儿依恋的性质取决于母亲与婴幼儿有关的行为。依恋的作用并不仅仅是母亲使婴幼儿的需要得到满足。婴幼儿与母亲在一起的时间的绝对量不能单纯决定婴幼儿依恋的性质。依恋是在婴幼儿与母亲的相互交往和感情交流中逐渐形成的。在这一社会交往过程中，母亲对婴幼儿发出的信号的敏感性和其对婴幼儿是否关心是最重要的方面。如果母亲能非常关心婴幼儿所处的状态，注意接收婴幼儿的信号，并能做出及时、恰当的反应，婴幼儿就能发展对母亲的信任和亲近，形成安全型依恋。反之则不能。

3. 教养方式

教养方式是指父母在抚养、教育子女的过程中所表现出来的相对稳定的行为方式，是对父母各种教养行为特征的概括。[①]家庭是婴幼儿社会化的第一场所，父母是他们的第一交往对象，更是他们习得社会规则的重要来源。父母的教育观念和教养方式直接影响着父母对婴幼儿的态度，对婴幼儿进行教育的目标、途径、策略及行为，是影响婴幼儿社会化的重要因素。

美国心理学家鲍姆林德（D. Baumrind）把教养方式分为权威型、专制型、溺爱型和忽视型四种。

权威型教养方式表现为高回应、高要求。父母在给婴幼儿充分的爱的同时，又鼓励他们进一步发展。

---

① 徐慧、张建新、张梅玲：《家庭教养方式对儿童社会化发展影响的研究综述》，载《心理科学》，2008（4）。

专制型教养方式表现为低回应、高要求。父母忽略婴幼儿的需求，给他们提出可能不符合实际的要求。

溺爱型教养方式表现为高回应、低要求。父母只顾满足婴幼儿的需要，却忽略了对他们的进一步培养。

忽视型教养方式表现为低回应、低要求。父母对婴幼儿既不关心，也不在乎。

各种教养方式及其对婴幼儿的影响可参见表1-1。

表1-1 教养方式及其对婴幼儿的影响

教养方式	婴幼儿发展结果
权威型	童年期：幼儿情绪愉悦，性格活泼；女孩子独立自主能力强，男孩子友善；合作性强；有高水平的自尊和自我控制能力。 青春期：有高水平的自尊；道德意识强；学业成就高；人际关系和谐。
专制型	童年期：幼儿存在焦虑、退缩和抑郁的特征；男孩子易怒并伴随攻击性，而女孩子依赖性强，面对挑战采取回避的态度。 青春期：心理适应能力不如权威型个体，学业成绩平平，但较溺爱型和忽视型个体好。
溺爱型	童年期：冲动、反抗和叛逆；对成人既苛刻又依赖；责任心差，做事容易半途而废；同伴间合作意识差。 青春期：有较低的自我控制能力和学业成绩；容易误入歧途，如沉迷网游、犯罪、吸毒。
忽视型	童年期：依恋行为、认知能力、游戏能力以及情感和社会交往能力存在缺陷，攻击性强。 青春期：为人冷漠，孤僻，不爱交谈；有较低的自我控制能力和学业成绩；容易误入歧途，如沉迷网游、犯罪、吸毒。

托马斯和切斯指出，教养方式和婴幼儿气质的良好匹配，有助于婴幼儿情感与社会性的发展。良好的匹配模式是一种适合婴幼儿气质类型的教养环境，帮助婴幼儿形成更具适应性的能力。例如，困难型婴幼儿的家长的教养方式可能是专制粗暴的。当婴幼儿不听话时，父母用生气、惩罚的方式进行强制管教，会加重婴幼儿易激怒、易冲突的行为方式。反之，当婴幼儿哭闹时，父母平静地安慰婴幼儿，会帮助婴幼儿调节强烈的情绪，有助于婴幼儿在面对消极情绪时学会调控。婴幼儿的气质是天生的。抚养者需要接受它，建立与之相适应的教养方式。抚养者对婴幼儿的需要保持敏感性，积极回应，尊重婴幼儿正在萌发的能力，灵活地调整环境，才能真正促进婴幼儿情感与社会性的发展。

拓 展 学 习

留守婴幼儿缺乏安全感

孩子在自我意识觉醒的过程中，会渴望获得来自父母的关注与肯定，从而建立安全感和自信心。缺乏父母有效陪伴的孩子，通常都会有安全感不足的问题，从而不能很好地享受本属于童年的快乐，不能很好地表达情绪情感，适应能力弱，注意力不集中。他们在行为上的表现是多种多样的，有的表现为特别依恋父母，有的表现为孤独冷漠，有的表现为任性调皮，有的表现为胆小退缩，等等。

（三）保教机构

保教机构中的多种因素影响着婴幼儿情感与社会性的发展。高质量的保教机构应该具备这些特质：重视健康和安全；照护者与婴幼儿的比例合适；照护者具有稳定性；照护者对婴幼儿的反应有敏感性；满足婴幼儿个别化的需求；提供适当且能刺激发展的材料和活动环境。下面按照物、人、游戏及生活教育等影响因素进行介绍。

1. 物的因素

（1）生活用品

保教机构的生活用品包括杯子、碗筷、毛巾、桌椅等。婴幼儿可以通过使用生活用品进行社会学习。例如，爱护生活用品，能把它们摆放有序等。蒙台梭利认为，婴幼儿需要一个有秩序的环境来帮助他们认识事物，熟悉环境。他们熟悉的环境消失，会令他们无所适从。他们会哭泣、害怕，甚至大发脾气。婴幼儿对秩序的敏感性常常表现在对顺序、生活习惯和所有物的要求上，所以婴幼儿对生活用品的有秩序的使用和有规律的生活习惯的形成有助于婴幼儿秩序感的建立（见图1-1）。

（2）玩具

玩具是婴幼儿进行交往的重要媒介。有研究表明，玩具的出现会大大增加婴幼儿交往的频率，提高交往的质量。例如，婴幼儿在参加活动时，通过相互操作玩具开展活动，有助于婴幼儿认识不同的社会角色，学习适当的社会行为。

有助于婴幼儿情感与社会性发展的玩具，简称为情感与社会性玩具。情感与社会性玩具是指让婴幼儿通过模仿、装扮、表演去认识自己，从而认识周围环境和成人世界的玩具。这些玩具都有一定的主题，也是一种主题形象玩具。娃娃家可以适度增加有助于婴幼儿性别认知方面的材料的投放。婴幼儿在3岁之前对性别的概念是模糊的，对性别的认识是通过照护者的引导来建立的。选择娃娃家玩具，要从婴幼儿爱与被爱的需求出发。选择柔软、抱起来舒服的娃娃有利于婴幼儿大胆关怀他人及形成同理心。同时，娃娃可以成为他们交流的对象、想象的媒介。

教师可以选择扮演类的玩具，如手偶（见图1-2）。尽量购买可以构建出整个环境的娃娃家场景玩具，如家庭、商店、消防队、医院场景等，让婴幼儿认识自己身边的环境，增长生活经验。

图1-1 有序摆放的生活用品

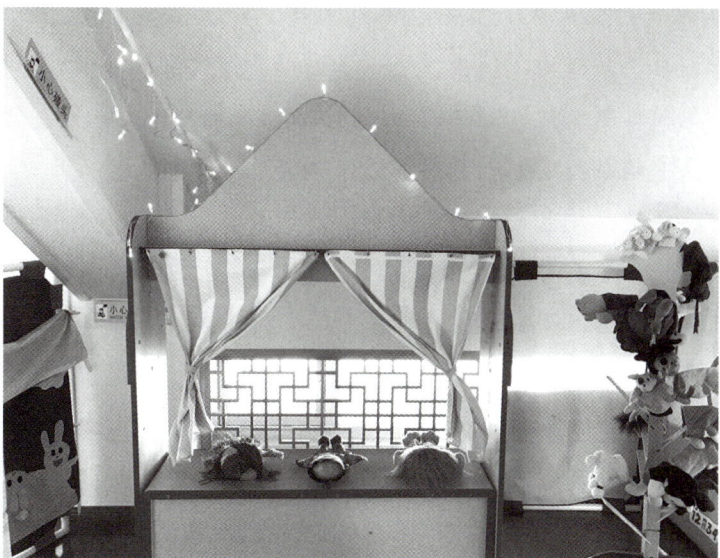

图1-2 手偶类玩具

教师提供给婴幼儿的玩具要适当。心理学家巴里·施瓦茨（Barry Schwartz）曾经做过一个这样的实验：他让随机分成两组的实验者画画；第一组可以从3支画笔中选一支，第二组则可以从24支中选一支。结果第二组的作品要比第一组糟糕得多。随后，研究者让实验者选一支自己最喜欢的笔，接着试着说服实验者放弃这支笔选择另一样礼物，结果第二组的实验者更容易放弃他们所选择的笔。实验说明，太多的玩具反而会让婴幼儿在选择面前乱了方寸，不知道自己最喜欢什么，得到之后也不懂得珍惜。选择太多还会影响婴幼儿的专注力。

（3）图书

图书是婴幼儿进行社会认知的物质媒介之一。图书本身渗透着许多社会性教育的内容。例如，婴幼儿故事《小马过河》教育婴幼儿遇事要多动脑筋，会独立思考。还有一些图书能让婴幼儿了解各地的风俗民情，了解各种不同的节日等。这些书中的内容有助于婴幼儿进行社会学习。阅读活动具有社会学习的价值。例如，婴幼儿可以学习如下内容：不争抢图书；爱护图书；轮流看书；一页一页地看书；看书时可以讨论书中的内容，但要小声，不能影响其他小朋友等。

早期阅读的重要性已经获得当代社会的广泛认同，那么我们应选择哪些图书和婴幼儿共读呢？如何筛选图书？下文的图书可供大家参考。

拓展学习

好书推荐

1."婴幼儿教养"丛书

这套书一共有4本，涵盖了待人接物、餐桌礼仪、出门社交这些基本的教养内容。丛书为我们提供了一系列可操作的清单，比如，我们去好朋友家玩的时候需要注意哪些行为。《出门社交》讲述的是"去朋友家玩"这个主题，它给了我们以下几点建议：和朋友家里的人打招呼；吃东西时注意礼节，不要边吃边洒或边走边吃；不经主人同意，不要随便开关门；不要乱扔垃圾，要扔进垃圾桶；不乱动别人家里的东西……

2.适合2岁以下婴幼儿阅读的布书

这种书内容简单，但设计、做工复杂，强调互动性，可玩度比较高。它虽说是书，但其实更像玩具。它的设计目的在于让婴幼儿觉得它很好玩，让婴幼儿在玩的同时锻炼视觉、听觉、观察能力、动手能力等。

4~6个月的婴儿：触摸布书。4个月以上的婴儿已经开始学习扶坐，并且随着牙齿逐渐萌出，婴儿更加喜欢啃咬东西了。抚养者和照护者可以

拓展学习

为婴儿选择用安全材质制成的触摸布书，让布书成为婴儿长牙期间安全的啃咬玩具。

7~12个月的婴儿：用布书培养各项生活技能。7~12个月的婴儿已经有很强的表达欲望，经常咿咿呀呀地和抚养者、照护者对话。成人此时不妨为婴儿选择一些介绍生活用品以及日常生活习惯的布书，如《清洁牙齿》等。

12个月以上的幼儿：用布书拓展环境认识等。12个月以上的幼儿逐渐学会走路，并且有意识地跟着照护者学说话，而且更加渴望认识身边的环境。推荐布书《宝宝忙碌的一天》《现在是便便时间》等，这类书能够让活跃的幼儿在玩耍中学习各项生活技能。

（4）空间环境

保教机构室内环境包括换尿布区、饮食区、睡眠区、游戏区等。室内环境可以用低柜或分割线分成不同的区，以便保教人员随时看到每个婴幼儿。

室外环境包括柔软的草地、玩沙和水的设施、塑胶场地、小山坡、私密小空间（如小房子）和休息区域等。材料包括滑梯、小车、小球、沙水玩具、平衡木、跷跷板、摇马、投掷物等。

2. 人的因素

（1）照护者

照护者一般受过专业的训练，长时间和婴幼儿在一起，有权威性，是婴幼儿模仿的对象，也是向婴幼儿实施社会性教育、促进婴幼儿社会学习的人。

师幼交往是指婴幼儿与照护者之间的交流、往来，是一个相互作用、相互影响的行为过程。婴幼儿在师幼互动过程中获得的知识与技能，对其同伴交往能力、亲子交往能力等社交能力的提高都有积极的支持意义。[1]

良好的师幼互动有助于增强婴幼儿的安全感、自信心及探索精神。照护者要了解婴幼儿的气质、作息等，要经常与婴幼儿拥抱，展现出关爱的表情和语调等，与婴幼儿建立起和谐、平等的师幼关系，进而帮助婴幼儿建立起安全感、归属感，促进他们与他人的正向交往。

---

[1]　杨丽珠、吴文菊：《幼儿社会性发展与教育》，281页，大连，辽宁师范大学出版社，2008。

（2）同伴

婴幼儿通过与同伴的相互作用，可以得到许多社会信息。同伴交往还可以发展婴幼儿的交往技能、独立性和自主性。

同伴关系是指年龄相同或相近的婴幼儿之间通过共同活动和相互协作形成的一种关系，或者是指同龄人之间或心理发展水平相当的个体之间在交往过程中建立和发展起来的一种人际关系。[①]这种关系在此处特指婴幼儿与那些和他们有相同社会权利的同伴之间的一种关系。他们的能力是相同的，地位是平等的，因而同伴交往为婴幼儿提供了学习社会交往技能的机会。

3. 游戏

游戏为婴幼儿社会交往提供了机会，发展了婴幼儿社会交往的能力。游戏中婴幼儿之间的交往活动，构成婴幼儿实际的社会关系网络，使婴幼儿逐渐认识、熟悉周围的人和事，了解自己和同伴的想法、行为、愿望和要求，理解他人的思想、行为和情感，逐渐掌握人与人之间的交往规则。

游戏有助于婴幼儿克服自我中心化，学会理解他人。婴幼儿往往只从自己的角度出发看问题，以自己的想法、体验、情感来理解周围的人和事，这反映了婴幼儿在情感与社会性认知上的自我中心化特点。

游戏有助于婴幼儿对社会角色的学习，增强扮演社会角色的能力。婴幼儿一出生，就不可避免地处在一定的人际关系和社会地位中，不可避免地被赋予某种角色。

游戏有助于婴幼儿对行为规范的掌握，使他们形成良好的道德品质。游戏是对现实生活的反映，蕴含着人与人交往的基本规则。婴幼儿的第一类情感与社会性游戏是与父母等抚养者的互动，如躲猫猫或挠痒痒。婴幼儿在互动与沟通中学会等待与回应，并在以后的社会化中运用这些社交技能与更多的人互动。

游戏有助于增强婴幼儿的自制力。意志是个性的重要构成因素。婴幼儿一般自制力差，意志尚未充分发展。但在游戏中，婴幼儿却能表现出较高水平的意志行为，说明游戏能培养和锻炼婴幼儿的意志。

4. 生活教育

蒙台梭利认为，当婴幼儿能够独立地完成某项工作时，他们的自尊和自信就可以得到发展。通过发展他们的日常生活技能——照顾自己和照顾环境，可以培养婴幼儿的责任感。照护者应在日常生活中给婴幼儿提供一定的环境和条件，以满足他们的愿望，使他们的潜力得到发挥，使他们的经验得以增长。婴幼儿的玩

---

① 王振宇：《学前儿童发展心理学》，221页，北京，人民教育出版社，2011。

要与成人的工作不同。婴幼儿往往喜欢重复做某件事，而且可以长时间将注意力集中于某件物品或者事情上，如打扫卫生等。蒙台梭利把日常生活教育分成动作教育、照顾自己、照顾环境、社交礼仪四类。

（1）动作教育

所谓动作教育，即让婴幼儿练习日常生活中的基本动作，这是照顾自己、照顾环境、社交礼仪的基础。内容主要包括走（步行）、坐、站、拿、搬、放、拧、倒、折、剪、切、贴、缝、编、捏、夹、转、擦、撕、打、敲、卷、削、拉、揉等。

（2）照顾自己

照顾自己是指为提高婴幼儿的生活自理能力以适应现实生活而设置的一系列活动，主要包括照镜子、梳头发、擤鼻涕、穿衣、脱衣、叠衣服、穿鞋、脱鞋、洗脸、洗手、洗手帕、喝水、吃饭、刷牙、擦汗、洗脚、洗澡、整理书包、如厕、叠被子、擦鞋、擦嘴巴等。

（3）照顾环境

照顾环境是指以除人类以外的其他生物、无生命的物体为对象，让婴幼儿学习美化、打扫、整理环境的方法，并掌握照顾、饲养、管理动植物的相关技巧。

（4）社交礼仪

社交礼仪的基本要求是：行为不给别人添麻烦；言语不使人感到不愉快；能站在别人的立场思考问题。例如，打招呼、致谢、道歉、观察、应答等。

（四）社会文化

婴幼儿情感与社会性的发展是在社会环境中和社会文化的传递过程中进行的。不同的社会文化、社会环境会影响婴幼儿情感与社会性的发展。社会文化是社会整体性的产物。历史、文化、信仰及政治、经济等因素带来的社会环境的不同，会从深层影响婴幼儿情感与社会性的发展。婴幼儿情感与社会性的发展大多发生在家庭之中，因此，我们主要从社会文化如何影响父母的教养行为进而如何影响婴幼儿情感与社会性的发展的角度来探讨。

在不同的社会文化背景下，抚养者和照护者的生活方式、价值观以及行为标准是不同的，因而婴幼儿情感与社会性发展的目标与方式也会不同。例如，在个体价值取向的社会文化背景下，严厉型的教养方式不利于婴幼儿的社会化。而在社会价值取向的文化背景下，严厉型的教养方式有利于造就大批服务社会的人才。

抚养者的经济地位不同，其教养观念和教养方式也会不同。社会经济地位高的抚养者，尤其是受教育程度高的抚养者比较倾向于多和婴幼儿进行言语交流，言语结构也比较复杂，喜欢给婴幼儿讲道理，对婴幼儿的情感投入比较多。

　　主要抚养者（母亲）的就业情况也会影响婴幼儿情感与社会性的发展。研究表明，母亲就业一般不会对婴幼儿的发展造成消极影响。母亲就业在一定程度上会改变家庭成员的分工，例如，使父亲参与抚养婴幼儿的活动增多，这对于婴幼儿性别角色的社会化具有重要影响。母亲就业一般会使女孩的性别观念更加平等，自尊水平更高等。

　　此外，抚养者的就业等因素也会使父母体验到养育婴幼儿的压力。在压力情境下，抚养者对婴幼儿不良的个性特征与行为的感知和归因也较为消极，亲子交往会更加困难，形成恶性循环。社会支持有助于减少压力对于抚养者的消极影响。社会支持水平高的抚养者能感到自己受关心、爱护和尊重，在自己需要时会得到别人的帮助，这有利于其心理健康及其功能的发挥。在抚养婴幼儿的过程中，抚养者从配偶处得到的社会支持最多，影响最大，影响范围最广。

任务二　婴幼儿情感与社会性发展的基本理论

　　随着对婴幼儿早期发展的研究，心理学家、生理学家针对婴幼儿的发展，尤其是婴幼儿情感与社会性的发展提出了不同的理论。这些理论一直影响着婴幼儿情感与社会性的研究与教育实践。但没有一个理论能够全面地解释婴幼儿的发展。我们应该综合借鉴其中的适宜观点，帮助婴幼儿实现情感与社会性的发展。

　　婴幼儿情感与社会性发展的研究起源于20世纪初期。20世纪70年代末期至今，心理学家提出的关于婴幼儿情感与社会性发展的理论学说主要有四种：精神分析理论、社会学习理论、认知发展理论以及现代生物学与生态学理论。[①]

一、精神分析理论

　　精神分析理论分为古典精神分析理论和新精神分析理论。其中，古典精神分析理论的代表人物是弗洛伊德，新精神分析理论的代表人物是埃里克森、阿德勒和霍妮等人。精神分析理论认为：婴幼儿情感与社会性的发展是连续并具有阶段性的；婴幼儿早期的生命经验对其终身发展有重要影响。

（一）婴幼儿情感与社会性的发展是连续并具有阶段性的

1. 弗洛伊德的发展阶段论

弗洛伊德（Sigmund Freud）把婴幼儿的发展分为5个阶段：口唇期、肛门期、

---

① 张文新：《儿童社会性发展》，6页，北京，北京师范大学出版社，1999。

性器期、潜伏期和生殖早期。在上述的每一阶段中，婴幼儿都面临着一个满足自我身体需要和服从社会需要之间的冲突。当社会允许适当的身体需要得到满足时，这种冲突就可以得到令人满意的解决，但是如果这种需要得不到满足或满足过度，个体就会在以后的成人生活中反映出这种遗留行为。例如，如果一个婴儿在口唇期（0~1岁）经历过过早断奶，他就会焦虑和痛苦。在第二个阶段肛门期，如果抚养者和照护者对婴幼儿的大小便训练过分重视，婴幼儿成年后也容易有固执的特点。

2. 埃里克森的发展阶段论

埃里克森（E. H. Erikson）认为研究婴幼儿的心理发展既要考虑生物因素，也要考虑社会文化因素。他认为人的自我发展持续一生。他把自我的形成和发展过程划分为8个阶段。这8个阶段的顺序是由遗传决定的，但是每一阶段能否顺利度过却是由环境决定的。具体来讲，抚养者的行为以及社会文化决定着婴幼儿某一阶段心理发展的成败，并构成日后婴幼儿行为发展的原型。婴幼儿在不同的发展阶段面临着不同的发展任务。如果某一阶段的冲突和危机能得到积极的解决，那这个人的人格中就会形成一种美德。0~3岁婴幼儿经历了其中的两个阶段。

（1）0~1.5岁，基本信任对不信任的心理冲突阶段

这个阶段的婴幼儿最为弱小，因而对成人的依赖性最大。如果抚养者能以慈爱和惯常的方式来满足婴幼儿的需要，他们就会形成基本的信任感。当抚养者不在身边时，他们也不会明显烦躁不安。如果抚养者拒绝他们的需要或以非惯常的方式来满足他们的需要，他们就会形成不信任感，在抚养者离开时焦虑不安。

比如，抚养者在婴幼儿1岁前都是亲自照料婴幼儿的，偶有离开也会跟婴幼儿告别，并在预定时间内返回到婴幼儿身边。婴幼儿对抚养者的惯常离开习以为常，所以抚养者的离开不会造成婴幼儿情绪的变化。一直保持下去，婴幼儿就会形成基本的信任感。反之，如果抚养者总是突然离开，并且经常性地不能在允诺的时间范围内回到婴幼儿身边，婴幼儿就会形成不信任感，对抚养者的离开表现出不安。

当婴幼儿形成的信任感超过不信任感时，基本信任对基本不信任的冲突才能得到解决。全然的信任和不信任都不利于婴幼儿良好人格的形成。某种程度的不信任是积极的和有助于生存的。信任感占优势的婴幼儿具有敢于冒险的勇气，不容易被挫折压垮。

如果这一阶段的危机成功地得到解决，婴幼儿就会形成人们期望的美好品德；反之，婴幼儿就会形成胆小的人格特征。

（2）1.5～3岁，自主对害羞、怀疑的心理冲突阶段

这个阶段的幼儿迅速形成了许许多多的技能。他们学会了走、推、拉和交谈。更通俗地说，他们学会了如何抓握和放开。他们不仅把这些能力应用于物体上，而且还将其应用于控制和排泄大小便。换句话说，幼儿现在能"随心所欲"地决定做还是不做某些事情。因而幼儿从这时起就介入了自己意愿与父母意愿相互冲突的矛盾之中，出现了第一个逆反期。

抚养者必须按照社会所能接受的方向，履行控制婴幼儿行为的任务，但又不能伤害婴幼儿的自我控制感和自主性。换言之，抚养者必须具有理智的忍耐精神，要坚定地保证婴幼儿社会许可行为的发展。如果抚养者过分溺爱和不公正地使用体罚，婴幼儿就会感到疑虑而体验到羞怯。如果这一阶段的冲突能成功得到解决，婴幼儿就会形成意志方面的美德；如果不能得到解决，婴幼儿就会自我怀疑。

（二）婴幼儿早期的生命经验对其终身发展有重要影响

弗洛伊德认为成人的人格特征是由婴儿时期的各种经验决定的，性格形成可以追溯到婴幼儿早期。他说："婴幼儿是成年人的父亲。"弗洛伊德认为约在6个月的时候，婴儿开始发展关于他人的概念，此时抚养者在婴儿生活中的重要性已毫无疑问了。如果婴幼儿被强制地剥夺了享有母爱的权利，他们就会产生强烈的不安全感及不良依恋的现象。婴幼儿惧怕失去抚养者的爱及受到惩罚，不得不压制本能（驱力），这一过程使婴幼儿变得焦虑。此外，弗洛伊德还认为愧疚是抑制达成的机制，攻击冲动在愧疚感的作用之下转向自身。过分愧疚是许多心理障碍的根源。

阿德勒（A. Adler）心理发展理论中的一个重要概念就是"自卑情结"。他认为人必定会感到自卑，自卑感是所有个体都必然存在的。他认为个体出生时是一个不健康的、柔弱无力的生物，无论是视听器官还是神经系统都有障碍。人离开抚养者就不会存活。婴幼儿为生存而依靠成人，屈从成人。这使婴幼儿感到自卑，而且婴幼儿与成人相比是软弱的。当然，阿德勒认为这种自卑情结对个体的成长是有积极意义的，它提供了个体成长的重要推动力量。个体在成长和发展中的努力与成功是他们极力补偿或克服想象的或真实的自卑的表现。所以在此过程中，抚养者作为婴幼儿最可依靠和最亲近的成人，在帮助婴幼儿发展过程中的态度和方法无疑会给婴幼儿的一生造成很大的影响。

霍妮（K. Horney）在她的心理发展理论中提到了"基本焦虑"。她认为焦虑源于人际关系的不安全感，基本焦虑是由混乱的人际关系造成的。抚养者对子女的

态度是子女基本焦虑产生与否的关键。如果抚养者真心爱护子女，则会使子女的安全需要得到满足，他们就不会产生基本焦虑。如果抚养者对子女漠不关心或者爱的表达不够真切，则会使子女对抚养者产生敌意。但由于婴幼儿弱小，其身心两方面尚依赖抚养者。出于对抚养者的惧怕，出于对失去抚养者之爱的惧怕，以及为避免愧疚感，婴幼儿就会压抑他们对抚养者的敌意，这种被压抑的敌意会转化成焦虑。所以霍妮认为童年经验中的亲子关系对个体的人际关系起决定作用。

他们认为早期的生活经验将对婴幼儿的一生造成重要影响。婴幼儿焦虑等不良心理最初来自抚养者尤其是母亲与婴幼儿的亲子关系的失当，而且这种负面的情绪状态会对婴幼儿心理发展产生不良的影响。从促进婴幼儿成长的角度来看，一方面，婴幼儿需要抚养者无微不至的关心和保护；另一方面，他们又有自主发展的需要。抚养者对婴幼儿的漠视或惩罚都会造成其产生不良心理反应。婴幼儿的焦虑情绪或自卑情结和由此带来的破坏或退缩行为与抚养者对他们的态度和教育方式有很大关系。

总而言之，抚养者应该了解婴幼儿的生理与心理发展规律，尤其是婴幼儿在0～3岁时的心理发展特点：婴幼儿此时的心理如同他们的身体一样是柔弱的，他们最依赖和亲近的人是他们的抚养者，抚养者对他们的态度时刻影响着他们。此时的抚养者应给予他们无条件的爱和积极关注，关注他们成长的每一步，更要关注他们成长过程中所遇到的挫折并帮助他们战胜挫折。抚养者一定要记住婴幼儿正处在人生发展的重要阶段，抚养者任何一个小的疏忽或者不当的行为都有可能伤害婴幼儿的心灵。抚养者要让婴幼儿在自由、快乐、平等的家庭中顺利地成长。与此同时，抚养者要尊重婴幼儿的自主意识和独立性，用自己的爱引导婴幼儿健康地度过柔弱的婴幼儿时期，并帮助他们发展积极、健全的心理。

二、社会学习理论

社会学习理论的主要代表人物是班杜拉（A. Bandura）。他关于婴幼儿情感与社会性发展的主要观点包括：强化是婴幼儿获得社会行为的重要机制，应重视恰当的行为强化；观察学习是婴幼儿获得社会行为的重要途径，应为婴幼儿提供值得模仿的环境与榜样；应为婴幼儿提供展示自我能力与成就的机会和舞台。

（一）强化是婴幼儿获得社会行为的重要机制

强化可以是直接强化，即通过外界因素对学习者的行为直接进行干预。班杜拉认为外在结果虽然每每都对行为产生影响，但是，它不是决定人的行为的唯一结果。人在观察的结果和自己形成的结果的支配下，引导自己的行为。

强化也可以是替代强化，即学习者如果看到他人获得成功和受到赞扬的行为，就会增强产生同样行为的倾向；如果看到失败或受罚的行为，就会削弱或抑制产生这种行为的倾向。

婴幼儿在家庭中会学到各种不同的情感表达方式。如果学步儿在家庭中听到哥哥、姐姐或父母说脏话，他就会这样做。如果男孩看到父亲似乎通过发火而赢得了妈妈的尊重，他就学会了发脾气。

（二）观察学习是婴幼儿获得社会行为的重要途径

观察学习是婴幼儿获得社会行为的重要途径。个体尤其是婴幼儿的行为是通过观察学习获得的。观察的对象来自周围环境、他人以及各种媒体。观察学习更加接近婴幼儿真实的学习过程。班杜拉认为人的个性是在观察学习的过程中，通过模仿榜样的行为而形成的。男孩和女孩的性别角色，也是通过社会化过程中的学习，特别是模仿获得的。婴幼儿倾向于模仿和自己性别相同的成人的行为。

观察学习是婴幼儿通过观察、模仿榜样而习得某种行为的学习活动，但他们不是在简单、刻板地模仿榜样行为。观察者对榜样的具体特征进行了编码，会抽象出榜样行为的共同要素，并把这种行为恰当地运用到其他情境中。这说明了认知在观察学习中的重要作用。

班杜拉认为，采用训练、斥责等方法对婴幼儿亲社会行为的习得几乎没有效果。强制命令或许能一时奏效，但效果难以持久。只有正面的榜样示范对促进婴幼儿亲社会行为的习得和表现有持久且有力的作用。因此，他十分重视榜样的作用，这对于培养婴幼儿的实际教育工作者有重要意义。我们应当给婴幼儿树立有利于婴幼儿身心发展的榜样：榜样必须具有积极性，符合社会的道德规范；榜样必须具有代表性，符合婴幼儿的年龄特点；榜样必须具有典型性，特征鲜明、突出；榜样必须具有生动性，感染力强；榜样必须具有权威性，易于接受。

班杜拉的社会学习理论向我们展示了照护者与婴幼儿之间的相互作用在婴幼儿学习、调节情绪和社会行为方面的功能，以及榜样对于婴幼儿情感与社会性发展的价值。照护者在婴幼儿眼中是生活中的权威人物，理所当然会成为婴幼儿学习的榜样。这让我们更加意识到照护者在与婴幼儿的交往中，其自身的率先垂范有多么重要。

（三）应为婴幼儿提供展示自我能力与成就的机会和舞台

自我效能感是指个体对影响其生活的事件施加控制的信念。自我效能感通过决定个体对试图去做什么以及在做的过程中要付出多大努力的预期而对个体行为起重要的引导作用。从自我效能感的功能来看，在具有同样能力的条件下，自我效能感高的人学习的效果要好于自我效能感低的人。

自我效能感来源于两个方面。一方面是迄今为止个体在某一领域里所取得的成就。抚养者的过分保护会损害婴幼儿的自我效能感，因为抚养者的这些行为剥夺了婴幼儿成功的机会，从而也剥夺了婴幼儿体验成功的机会。另一方面是个体对他人活动效能的观察。同伴间比较对婴幼儿自我效能感的发展具有重要的作用。因此，为婴幼儿提供展示自我能力与成就的机会和舞台对婴幼儿情感与社会行为的发展很重要。

三、认知发展理论

认知发展理论的主要代表人物是皮亚杰（J. Piaget）、科尔伯格（L. Kohlberg）。他们的主要观点如下。

婴幼儿情感与社会性的发展以及认知的发展是相互依存的。婴幼儿某些特定的社会机能只有在相应的认知技能形成后才能出现。某一阶段婴幼儿情感与社会性发展的特点都可以从相应的认知发展阶段中找到根源。

例如，分离焦虑的产生是以认知发展中的客体永久性的形成为基础的。客体永久性是指婴幼儿看到物体从眼前消失了，但仍认为它可能存在。客体永久性在婴儿 6 个月左右时开始出现，因此当抚养者离开时，婴儿会因不确定抚养者何时再出现而产生分离焦虑，出现烦躁、哭闹等情绪反应。

同样，婴幼儿人际关系的发展也是与其认知的发展相平行的。由于婴幼儿的自我中心化，他们只能注意自己的观点与立场而不能理解他人的与自己不同的观点。这表现为对自我—他人关系的认知过程中的自我中心主义，突出表现为 1～2 岁幼儿对玩具的争抢。抢过来玩具不一定玩，但是一定要占有是这个年龄阶段幼儿的特点。

皮亚杰的道德认知发展理论是以其发生认识论为基础的。他认为婴幼儿的认知发展是道德发展的必要条件，道德发展的机制就是道德判断的认知结构的变化和改组。他概括出了儿童道德认知发展的三个阶段。

第一阶段：前道德阶段（无律阶段），出现在四五岁之前。处于前运算阶段的婴幼儿的思维是以自我为中心的，其行为直接受行为结果的支配。这一阶段的婴幼儿还不能对行为做出一定的判断。

第二阶段：他律道德阶段，出现在四五岁至八九岁之间，以学前幼儿居多。这一阶段的幼儿对道德的看法是遵守规范，只重视行为结果，而不考虑行为意向。

第三阶段：自律道德阶段，出现在 9 岁或 10 岁以后，与形式运算阶段同时出现。这一阶段的儿童不再盲目服从权威，开始认识到道德规范的相对性。行为对错，除看行为结果之外，还要考虑当事人的动机。

关于婴幼儿的道德发展，心理学家科尔伯格在皮亚杰理论的基础上进行了纵向研究。我们通过以下内容了解其核心观点。

拓 展 学 习 ──────────────────────────

科尔伯格"三水平六阶段"道德发展理论

科尔伯格是皮亚杰道德认知发展理论的追随者。他在皮亚杰道德认知发展理论的基础上进行了各种纵向研究，并提出了"三水平六阶段"道德发展理论。

第一水平：前习俗水平。

第一阶段：惩罚和服从的取向。

第二阶段：工具性的相对主义取向。

第二水平：习俗水平。

第三阶段：好男孩—好女孩的取向。

第四阶段：法律和秩序取向。

第三水平：后习俗水平。

第五阶段：社会契约的取向。

第六阶段：普遍的道德原则的取向。

道德发展的动力是个体与社会的相互作用。婴幼儿在这种交互作用中，不断建构自己的道德经验，形成和改变自己的道德认知结构。对婴幼儿的道德教育要适应并能促进婴幼儿的发展。在教育过程中，照护者既要接受婴幼儿不成熟的思维，也要为他们走向成熟搭建桥梁，帮助婴幼儿向更高的理解水平发展。道德经验的丰富是婴幼儿道德认知结构变化的基础。照护者应当为婴幼儿提供积累道德经验的机会，并引导婴幼儿在对这些经验的反馈中学习。

四、现代生物学与生态学理论

该理论的主要代表人物有洛伦茨（K. Z. Lorenz）、威尔逊（E. O. Wilson）、布朗芬布伦纳（U. Bronfenbrenner）。他们关于 0～3 岁婴幼儿情感与社会性发展的基本观点包括以下内容。

（一）洛伦茨与"母亲印刻"

奥地利动物习性学家洛伦茨认为婴幼儿的健康发展与早期依恋的形成有重要联系。他曾做过一个有趣的实验：他站在即将被孵化的鸭蛋前，小鸭破壳而出，第一眼看到的是他。奇迹发生了，小鸭居然亲热地跟着他，而对它的鸭妈妈视若不见，这就是"母亲印刻"。心理学家将"母亲印刻"发生的时期称为动物认母的关键期。母亲在婴儿出生后会对其产生深刻的偏好和追随影响，除了要尽量避免与孩子分离外，也不要对自己的一举一动掉以轻心。

（二）威尔逊与"基因复制"

美国当代生物社会学家威尔逊把"基因复制"看作决定人的一切行为的本质力量，认为人类行为有生物基因的继承性。在情感与社会性发展中，生物成熟引起并保持经验，同时，经验的变化又会改变有机体的行为、生物状态和行为潜能。有机体在其一生中都具有适应性和主动性。照护者在引导婴幼儿的社会行为时要考虑到其成熟水平与经验的匹配性。

（三）布朗芬布伦纳与"四个系统"

布朗芬布伦纳认为个体发展的环境是一个由小到大层层扩散的复杂的生态系统，每一个系统都会通过一定的方式对个体的发展施以影响。他指出，学校环境、社会环境、家庭环境对人的发展有着重要的作用。他还提出了四个系统说：微观系统、中观系统、外在系统和宏观系统。

微观系统是指婴幼儿亲身接触的周围环境，比如亲人、同辈等，该系统对婴幼儿的成长和发展起着潜移默化的直接或间接作用。中观系统是指婴幼儿所处的多个系统之间的关系，如家庭与幼儿园、家庭与社区之间的关系。当婴幼儿的生长环境发生变化，由一个环境进入另一个环境时，中观系统的影响作用就会表现出来。比如，父母工作的变动、保教机构的变化等使婴幼儿的成长环境发生变化，这些都会对婴幼儿的发展起到正面或负面的作用。外在系统是指婴幼儿并未直接参与，但是却对其产生影响的环境。比如，抚养者的工作环境通过对抚养者的影响间接影响婴幼儿。例如，如果抚养者需要长期加班或者外出工作，会造成抚养者陪伴婴幼儿的时间或者有效陪伴时间大幅度减少。宏观系统是指婴幼儿成长中大的社会环境、经济环境、政治环境等。宏观系统的改变对婴幼儿的成长产生着不可忽视的作用。这几个系统之间也是紧密联系的，对婴幼儿的成长和发展产生着积极作用或消极作用。

布朗芬布伦纳提出的四个系统说，为人们研究婴幼儿的成长和发展提供了理论基础。在实际情况中关注婴幼儿的教育情况，创造更好的适合婴幼儿发展的环境，注意建构有教育意义的生态环境，对婴幼儿的健康发展有着重要作用。

学习检测

1. 情感与社会性以及婴幼儿情感与社会性发展的含义是什么？
2. 婴幼儿的气质类型有哪些？这些气质类型是如何影响教养者的行为的？
3. 保教机构对婴幼儿情感与社会性发展产生影响的因素有哪些？你是如何看待这些因素的作用和价值的？
4. 用下列表格梳理有关婴幼儿社会性发展的理论观点以及其在婴幼儿教育中的启示。

理论流派	代表人物	理论观点	启示

分享讨论

1. 孩子过分依赖安慰物，应该强行戒掉吗？你是如何看待婴幼儿的安慰物的？
2. 结合婴幼儿发展的阶段，思考如何看待和应对2～3岁婴幼儿的逆反。
3. 结合社会学习理论，思考图画书对婴幼儿社会性发展的影响。

实践体验

使用问卷法调查年轻父母的家庭教养方式，并形成调查报告。

单元二 0～3岁婴幼儿情感与社会性教育概述

导言

　　情感与社会性发展对人一生的发展有着重要的价值与意义。那么，应该如何对其进行教育？情感是可以教的吗？如果可以教，应该怎样教呢？本单元将就0～3岁婴幼儿情感与社会性教育做简要概述。通过对该部分内容的学习，学习者可以完整地了解婴幼儿情感与社会性教育的结构，形成对此内容的整体认知，并对婴幼儿情感与社会性教育的意义、原则、目标、内容以及实施途径与评价有初步的了解。

学习目标

1. 了解婴幼儿情感与社会性教育的意义。
2. 掌握婴幼儿情感与社会性教育的原则。
3. 掌握婴幼儿情感与社会性教育的目标、内容。
4. 掌握婴幼儿情感与社会性教育的实施途径与评价。

知识导览

```
单元二  0～3岁婴幼儿情感与社会性教育概述
```

任务一 0～3岁婴幼儿情感与社会性教育的意义与原则
- 0～3岁婴幼儿情感与社会性教育的意义
- 0～3岁婴幼儿情感与社会性教育的原则

任务二 0～3岁婴幼儿情感与社会性教育的目标、内容和实施途径
- 0～3岁婴幼儿情感与社会性教育的目标与内容
- 0～3岁婴幼儿情感与社会性教育的实施途径

任务三 0～3岁婴幼儿情感与社会性教育的评价
- 对0～3岁婴幼儿情感与社会性发展的评价
- 对保教机构中婴幼儿情感与社会性教育的评价

注：标注 的对应内容有配套在线资源，可供延伸学习。

任务一　0～3 岁婴幼儿情感
与社会性教育的意义与原则

情感与社会性发展是婴幼儿健全发展的重要组成部分。婴幼儿期是情感与社会性发展的关键时期。因此，重视婴幼儿情感与社会性发展对于促进婴幼儿全面协调发展具有重要的价值与意义。

一、0～3 岁婴幼儿情感与社会性教育的意义

（一）有利于 0～3 岁婴幼儿身体的生长发育

人生活在社会环境当中，时时刻刻都在接收着来自周围人、事、物或自身内部的种种信息。这些信息经过大脑的整理和分析，会对人的情绪情感产生影响。例如，当一个幼儿和其他小朋友和谐相处时，他会感到自己是开心、愉快的。这种开心与愉快的情绪可以使婴幼儿血液循环加快，能够带入更多的氧气，使全身的脏器更好地工作：骨骼得到充分发育，心脏跳动更加有力，肌肉变得越来越结实。

与此相反，如果婴幼儿社会性发展不良，不适应自己所生活的环境，总是与周围人发生冲突、对抗，那么，他就会闷闷不乐甚至生气发火。这会使他的内分泌系统发生某种程度的紊乱，这种紊乱将对他的生长发育产生消极的影响。医学研究表明：婴幼儿心情紧张可导致呕吐、腹泻、发烧等；长期精神紧张还可导致生长发育迟缓。[①]

（二）有利于 0～3 岁婴幼儿心智的发展

社会性发展得比较好的婴幼儿，其适应能力和自制力也比较强。初入保教机构时，他们能比其他婴幼儿更快地熟悉照护者和同伴。平时，他们更容易与照护者、同伴融洽相处，有更多的机会与照护者、同伴交往，从他们那里得到信息，扩大自己的眼界，提高自己的能力。另外，社会性发展得比较好的婴幼儿往往心态积极，情绪稳定，自信心强，比其他婴幼儿表现得更有毅力。他们能专心地"工作"。遇到小小的挫折或困难时，他们也能寻找原因，努力克服困难，而不轻易放弃。

相反，社会性发展得不好的婴幼儿往往不真诚，易说谎等。良好社会性中的自制力、适应能力、毅力、真诚等心理品质，对一个人的学习和工作都是十分

---

① 李焕稳：《学前儿童社会教育》，4 页，北京，北京师范大学出版社，2016。

重要的。它们虽然不能直接提高智力程度，但是它们能使心智得到充分的发挥。教育专家的研究发现：智力水平中等的婴幼儿，如果其非智力因素发展得很好，那么，他的学业成就可以比智力水平高而非智力因素发展得不好的婴幼儿高许多。同样，智力水平很高的婴幼儿也会因为非智力水平的低下而导致智力水平发展得一般甚至很差。[①]

（三）有利于婴幼儿后续的发展

婴幼儿早期是婴幼儿从自然人向社会人发展的关键阶段。这一阶段婴幼儿的社会化程度和发展成果对其后续发展有深远的影响。

1. 良好的社会性发展对促进婴幼儿大脑发育起关键作用

学前早期是个体社会化的第一个关键期。所谓关键期，是指对特定技能或行为模式的发展而言最敏感的时期，是个体发育过程中某些行为在适当环境的刺激下才会出现的时期。如果在这个时期缺少适当的环境刺激，这种行为便不会产生。大脑的结构和功能在学前期的发育并非处于纯粹自然的状态，而是在很大程度上受环境和教育的影响与制约，特别是早期环境、教育和学习经验对婴幼儿大脑的发育有深远的影响。

抓住学前早期这一关键期，积极促进婴幼儿情感与社会性的发展，能够为他们后续的发育和发展奠定良好基础。

拓 展 学 习

社会脑——大脑可塑

20 世纪 60 年代，加利福尼亚大学伯克利分校的科学家用小白鼠做过一系列实验。他们将小白鼠分为三组，分别将其关在不同的笼子里。第一组小白鼠被关在铁丝笼子里。第二组小白鼠被关在三面都不透明的笼子里。第三组小白鼠则被关在大而宽敞、光线充足、设施齐全的笼子里，里面有秋千、滑梯、木梯以及各种各样的玩具。几个月后，科学家发现第三组小白鼠大脑皮层的质量远远高于其他两组小白鼠。同时这些小白鼠的大脑皮层的灰质层也增厚了。

科学家用松鼠、猴子等动物得出了同样的结论。科学家对长期受虐待的婴幼儿进行研究发现，由于这些婴幼儿从一开始就失去了与抚养者的积极情感互动，他们脑的发育和正常婴幼儿有显著的差别。可见经验可以改

---

① 李焕稳：《学前儿童社会教育》，4 页，北京，北京师范大学出版社，2016。

拓展学习

变我们的大脑。适宜的环境可以促进脑的发育，而不良的环境则会损伤我们的脑。丰富而有积极意义的情感体验，对于全面锻炼脑的不同部位是十分重要的。

2. 良好的社会性发展对提高个体未来的社会适应能力有重要作用

社会适应能力是婴幼儿社会性发展的重要内容。社会适应能力发展良好的婴幼儿在特定社会情境中通过情绪的外部表现表达自己的各种需求，有效而恰当地与他人交往，顺利完成任务并产生良好的结果。适宜的社会性教育能够有效促进婴幼儿社会交往能力、爱心、责任感、自控力、自信心和合作精神等社会性品质的发展。这些品质将会帮助婴幼儿更好地适应当下的社会生活，并为未来的社会生活做好准备。

二、0～3岁婴幼儿情感与社会性教育的原则

0～3岁婴幼儿的社会学习具有随机性、长期性、实践性等特点，因此，婴幼儿情感与社会性教育应潜移默化地进行，即将教育渗透到一日生活的各个环节中，以常态化的形式对0～3岁婴幼儿进行熏陶，例如，将婴幼儿情感与社会性教育渗透到婴幼儿的交往、探索活动与游戏中等，使婴幼儿适应环境、内化规则。对应婴幼儿社会学习的特点，0～3岁婴幼儿情感与社会性教育应遵循以下原则。

（一）正面教育原则

正面教育是一切教育最基本的原则，其核心是在尊重婴幼儿的前提下对婴幼儿提出要求，在肯定婴幼儿的前提下对婴幼儿的行为进行补充和修正，在维护婴幼儿的自主性和完整性的前提下渗透要求。

应用要点：以积极的方式对婴幼儿提出要求；创设积极的环境；树立榜样；以鼓励、表扬为主。

案例

琪琪的想法

在亲子活动"小手拍一拍"中，老师要求家长在老师的指挥下，跟着音乐主动地去拍自己孩子的手。琪琪（女，25个月）和琪琪妈妈也在跟着音乐做动作，可当妈妈想去拍她的手的时候，琪琪却向有玩具的地方走

去。琪琪妈妈看到其他孩子都在做动作，有点急了，一把拉过琪琪到自己的身边坐下来，但琪琪却不愿意。两人僵持起来，最终琪琪妈妈求助老师，于是老师过去引导琪琪游戏。琪琪最终还是与老师进行了游戏，而妈妈只是无奈地看着自己的孩子。琪琪在这个年龄段有自己的想法。她想去玩自己想玩的玩具，不服从妈妈的指令。父母了解这个年龄段孩子的个性特点，才能更好地与孩子沟通，从而有效地互动。

（二）生活教育原则

生活教育原则是指要在真实的生活中开展婴幼儿情感与社会性教育。婴幼儿情感与社会性教育的内容来自生活，应用于生活，所以婴幼儿情感与社会性教育要借助日常生活进行。比如，抚养者可以鼓励0～3岁婴幼儿适当地参与家务劳动，满足他们参与成人活动的愿望，使他们产生成就感，锻炼劳动技能，培养他们对劳动的正确态度。

应用要点：善于抓住并利用生活中的细节，长期一贯地坚持教育。

案例

玩具的家在这里（托班）

活动目标：能按标识收拾玩具。

活动准备：

1. 自制标识。

2. 在玩具和储放该类玩具的柜子上贴上相同的标识。

3. 随意摆放贴好标识的玩具。

活动过程：

1. 请幼儿欣赏玩具柜上新出现的标识，并请幼儿辨认标识上画的是什么玩具。

2. 请幼儿找出与标识相同的玩具，看谁找得快。

3. 请幼儿把玩具放到贴有相应标识的玩具柜中。

4. 带幼儿欣赏玩具按标识摆放后的整齐状态。

（三）情感支持原则

情感支持原则是指通过爱与关心来建立抚养者、照护者与婴幼儿间的接纳关系，为婴幼儿的情感与社会性发展营造良好的情感氛围，激发其良好的社会情感，使其内化良好的社会规范。

抚养者、照护者应根据婴幼儿的情感表现做出应答，调整婴幼儿所处的环境，使环境更适于其生存。如果抚养者、照护者对婴幼儿的情感应答不及时或不恰当，婴幼儿早期的生存适应便会出现困难。这会影响婴幼儿信任感、安全感和依恋的建立。

应用要点：接纳婴幼儿的情绪情感；帮助其学会表达情绪情感；帮助其在情境中深化体验。

（四）实践性原则

实践性原则是指在婴幼儿情感与社会性教育过程中，照护者应创设各种情境，组织多种多样的活动，让婴幼儿参与其中。参与活动和交往是婴幼儿社会学习的重要方式。2～3岁幼儿的自我意识开始萌芽，言语和动作发展迅速，认知范围扩大。他们喜欢到处看，到处摸索，有时甚至不愿让成人拉着手走路。他们已经能表达自己的意愿，面对成人要求他们做的事时往往回答"不"，面对自己要干的事会说："我会，我自己来。"照护者要针对幼儿的这一特点，允许幼儿尝试一些力所能及的事情，但要有示范和指导。

应用要点：教给婴幼儿正确、具体的行为方式；为婴幼儿创造实践的机会；允许婴幼儿犯错。

案例

学习如厕

大多数孩子在2.5～3岁时已经具备了如厕能力。但是每个孩子都是独特的，有着各自的发展速度。

在刚开始学习如厕的时候，孩子可能会大小便失控。父母耐心的态度和行为能鼓励孩子学习如厕。此外，一个孩子对自己身体的理解和感觉是他自我观念的主要部分，这对孩子学习如厕也十分重要。

孩子学习如厕要有一定的准备。家长可以给孩子准备一些关于使用厕所的婴幼儿图书，允许他们观察家人如何使用厕所并解释原因。告诉孩子，当他再大一点时，他该如何使用便盆，同时还应该像大孩子一样穿内裤。爸爸妈妈对孩子应该保持宽容，千万不要羞辱或惩罚孩子，不要催促或强迫孩子。要观察孩子是否已经准备就绪，让他循序渐进地准备如厕，平静地鼓励和表扬孩子的成功，对孩子的失败表示理解。

（五）一致性原则

婴幼儿的社会学习是一个长期的过程。其模仿的对象与环境有相对的稳定性与一致性，才会有利于婴幼儿良好行为习惯的养成。所谓一致性原则是指抚养者、照护者要尽力为婴幼儿的社会学习营造一个一致的环境。这个环境既包括抚养者、照护者自身影响的连续性与统一性，也包括各方面力量的连续性与统一性。

在家庭中，抚养者之间应经常主动地表达爱，应友善相处，形成良好的家庭氛围。例如，家人之间经常问好，有助于培养0～3岁婴幼儿懂礼貌的品质。

有良好作息规律的家庭生活有助于0～3岁婴幼儿形成良好的生活习惯，也有助于0～3岁婴幼儿形成稳定的情绪。婴幼儿知道什么时间该做什么事，会对自己的行为及情绪进行适当的控制以适应有规律的家庭生活，这对他们适应学校生活及其他社会环境都有帮助。

应用要点：抚养者、照护者自身要做到言行一致；抚养者、照护者要长期、一贯、耐心地坚持教育。

（六）开放性原则

开放性原则是指活动要有一定的开放度，允许抚养者、照护者自主发挥。抚养者、照护者对婴幼儿的要求也要有一定的开放度。抚养者、照护者要尊重个别差异，在资源利用上不要局限在室内，要走向室外，走进社区，走进更广阔的场地，利用大自然的各种资源开展活动（见图2-1）。

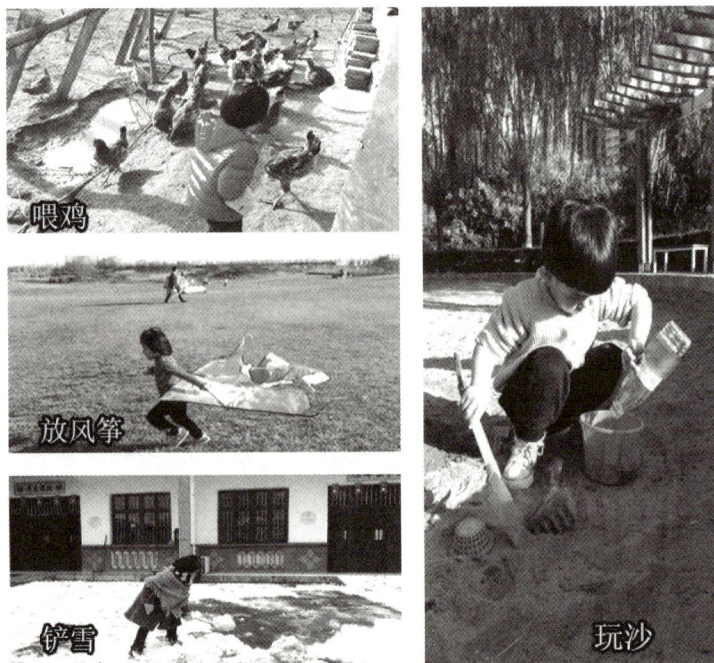

图2-1　活动中的幼儿

应用要点：要对环境进行前期的考察，确保活动场地适合婴幼儿。选择适宜的时间段和天气，把一些活动安排到室外进行。

（七）游戏性原则

游戏是 0~3 岁婴幼儿最喜爱的活动，产生于婴幼儿的兴趣、需要等内在的动机。游戏在实现其本体价值——愉悦身心的同时，也能促进婴幼儿身体、认知、情感与社会性的发展。

游戏性原则是指在婴幼儿的社会性教育中，抚养者、照护者要采用游戏的方式，通过游戏情境、游戏角色、游戏语言等让婴幼儿在轻松愉快的游戏中，学会从他人的角度看问题，理解他人的情绪感受，体验不同情境下的感受，产生相应的情绪体验，理解不同角色的行为等。

案例

开火车游戏

家长和孩子排成一队。孩子拉着家长的衣服，变成一节火车。家长跟着音乐向前走，可直行，可转弯，看看孩子会不会松开手，能不能马上跟上来。注意家长的步伐不能太快。

平时在超市里，或者在市场上买东西时，妈妈如果有时无法拉住孩子的手，可以告诉孩子现在我们玩开火车的游戏，你要抓着妈妈的衣角，松手就算输了。对这个年龄段的孩子而言，有时游戏比说教管用得多。

应用要点：了解不同年龄段婴幼儿的游戏水平，开展不同的游戏；尊重婴幼儿游戏的主动性与自主性；尽量为婴幼儿创造与同伴游戏的机会。

任务二　0~3岁婴幼儿情感与社会性教育的目标、内容和实施途径

一、0~3 岁婴幼儿情感与社会性教育的目标与内容

2021 年 1 月，国家卫生健康委发布的《托育机构保育指导大纲（试行）》中，情感与社会性是婴幼儿保育重点之一。

拓 展 学 习

《托育机构保育指导大纲（试行）》节选

七、情感与社会性

（一）目标

1. 有安全感，能够理解和表达情绪；

2. 有初步的自我意识，逐步发展情绪和行为的自我控制；

3. 与成人和同伴积极互动，发展初步的社会交往能力。

（二）保育要点

1. 7—12个月

（1）观察了解不同月龄婴儿的需要，把握其情绪变化，尊重和满足其爱抚、亲近、搂抱等情感需求。

（2）引导婴儿理解和辨别高兴、喜欢、生气等不同情绪。

（3）敏感察觉婴儿情绪变化，理解其情感需求并及时回应。

（4）创设温暖、愉快的情绪氛围，促进婴儿交往的积极性。

2. 13—24个月

（1）引导幼儿用表情、动作、语言等方式表达自己的情绪。

（2）培养幼儿愉快的情绪，及时肯定和鼓励幼儿适宜的态度和行为。

（3）拓展交往范围，引导幼儿认识他人不同的想法和情绪。

（4）引导幼儿理解并遵守简单的规则。

3. 25—36个月

（1）谈论日常生活中幼儿感兴趣的人和事，引导其通过语言和行为等方式表达情绪情感。

（2）鼓励幼儿进行情绪控制的尝试，指导其学会简单的情绪调节策略。

（3）创设人际交往的机会和条件，使幼儿感受与人交往的愉悦。

（4）帮助幼儿理解和遵守简单的规则，初步学习分享、轮流、等待、协商，尝试解决同伴冲突。

0～3岁婴幼儿保育与教育紧密联系。本书所指的教育也有保育的含义。婴幼儿情感与社会性教育是指通过家庭、保教机构的共同努力，为婴幼儿创设一个适宜的环境，促进婴幼儿的社会化，使其从自然的生物个体逐渐转变为适应社会生活的社会个体。

（一）0~3岁婴幼儿情感与社会性教育的目标

婴幼儿情感与社会性教育目标的确立一定要从婴幼儿的发展水平与规律出发，同时还要以一定的社会需求为依据。保教机构婴幼儿情感与社会性培养的具体目标如下。

1. 与自我有关的发展目标

①帮助婴幼儿建立初步的自我概念、自尊与自信。

②培养婴幼儿健康的情绪，帮助婴幼儿初步理解他人的情感并能表达自己的情感。

③帮助婴幼儿养成良好的生活习惯。

2. 与他人有关的发展目标

①帮助婴幼儿与他人建立积极、友好的人际关系。

②培养婴幼儿初步的社会交往能力。

③培养婴幼儿适宜的社会行为。

3. 与环境有关的发展目标

①帮助婴幼儿认识家庭、社区等社会环境。

②培养婴幼儿初步的社会适应能力。

③帮助婴幼儿形成初步的规则意识。

④引导婴幼儿初步感知与了解多元文化。[1]

（二）0~3岁婴幼儿情感与社会性教育的内容

根据0~3岁婴幼儿情感与社会性的发展特点及早期教养的任务，我们将其内容分为自我的发展、社会行为的发展和社会适应的发展三个方面。本书的第三至第五单元将对其进行详细的讲解。需要注意的是，各内容之间、各内容的各个发展序列之间不是简单割裂的，而是相互联系和相互影响的。婴幼儿情感与社会性的发展不能与语言、认知、动作的发展截然分开，它始终贯穿在所有领域发展的过程中，这是实践工作者必须注意的。

二、0~3岁婴幼儿情感与社会性教育的实施途径

0~3岁婴幼儿主要是在家庭中生活的，是通过抚养者的抚育和教育逐步成长的。抚养者的一言一行、一举一动无不对婴幼儿产生潜移默化的影响。这种教育关系上的亲密性和渗透性，决定了早期教育对婴幼儿影响的深刻性。给婴幼儿健

---

① 文颐、程敏：《婴儿社会性指导活动设计与组织》，1页，北京，科学出版社，2015。

全、理智的早期家庭教育是抚养者不可推卸的责任。

"以养为主、教养融合"是我们进行0~3岁婴幼儿教养活动必须遵循的一条重要原则。养是一切教养活动的基础,理应放在首位。而教和养的融合则强调了"保中有教、教中有保,自然渗透、教养合一"的观点。因为婴幼儿的身体发育和心理发展是相互依存、密不可分的。

(一)在家庭中进行婴幼儿情感与社会性教育

1. 抚养者提供安全和高投入度的环境,发展婴幼儿的安全感和信任感

给婴幼儿提供安全和高投入度的环境,可以促进婴幼儿在此环境中的探索、实验和游戏,发展婴幼儿的安全感和信任感。

拓展学习

近年来,有些爸爸妈妈在面对孩子哭闹时经常很纠结,不知道要不要立刻把孩子抱起来安抚,怕惯坏孩子。读一读下面这段话,了解一下拥抱对婴儿的意义吧。

温暖的抱抱

对于6个月以内的婴儿,成人可以用各种姿势抱他们。婴儿通过拥抱等肢体接触,学会信任与爱。

婴儿心情不好时需要拥抱。成人可将婴儿抱近,用轻柔的声音安抚他。轻拍、触摸均可以让烦躁的婴儿安静下来。

给婴幼儿提供一个正面的学习环境,例如,可以向婴幼儿示范如何布置餐桌,让婴幼儿学习放筷子等餐具。

在婴幼儿发起的互动中进行建构式的回应,包括协助、建议、注意等。例如,吃点心的时候,如果婴幼儿主动给抚养者吃,抚养者应回应饼干是多么美味,并指出和家人分享饼干是多么有趣。

2. 抚养者坚定地、持之以恒地教育婴幼儿,使其养成良好的行为习惯

教育婴幼儿包括如下内容:设定基本规则,和婴幼儿讨论规则,发出符合婴幼儿年龄特点的明确指令,使用安静时间和暂停时间策略,使用忽视策略,等等。这些做法有助于婴幼儿形成一定的规则意识和秩序感,对婴幼儿良好生活习惯的养成也有帮助。

例如,要求婴幼儿吃饭时必须在规定的地方,离开这个地方就没有吃的。要求婴幼儿在规定的时间吃饭,错过了就没有吃的,避免有的婴幼儿不好好吃饭。

到了睡觉的时间，家人尽量保持安静，使婴幼儿自然进入准备睡觉的状态。这样婴幼儿就容易建立起良好的生物钟，有助于其健康成长。玩玩具也要有规定的地点。抚养者要示范收拾玩具。婴幼儿虽然很难独自收拾好玩具，但可以参与。抚养者对婴幼儿的参与要进行称赞。

3. 抚养者对婴幼儿的行为表现有合理的期待，引导其循序渐进地发展

对婴幼儿的行为表现有合理的期待，这建立在抚养者理解婴幼儿的发展规律和特点的基础上。

例如，当婴幼儿处于陌生人焦虑期时，允许婴幼儿坐在抚养者的腿上，慢慢地熟悉陌生人。

又如，两岁幼儿开始懂得所有权，这使得"我的"和"不"成为他们最喜欢的两个词。很多两岁幼儿并没有发展到准备分享阶段。学习分享是一个过程，掌握它需要一段时间。抚养者可以通过一些活动引导孩子知道分享的好处，为他以后的成长奠定基础。

总之，抚养者要多鼓励、肯定婴幼儿，让婴幼儿在快乐的活动中体验交往的愉悦感，提高婴幼儿交往的积极性和主动性，让婴幼儿学会判断与体会别人的情感，学会分享、信任和沟通，从而促进婴幼儿的社会认知和社会行为的发展（见图 2-2）。

图 2-2　家庭生活中的婴幼儿情感与社会性教育场景

4. 抚养者自我关照与调控，营造良好的家庭氛围

抚养者自我关照与调控包括抚养者自身的压力管理和情绪缓释以及夫妻关系的质量提升等，为婴幼儿的成长营造良好的人际氛围。

如果抚养者易怒，或者对婴幼儿的错误行为反应过度，那么婴幼儿也较容易生气。所以抚养者要学会自我关照与调控。

5. 提高婴幼儿适应环境的能力，做好入托的准备

对于婴幼儿来说，保教机构是一个全新的环境。抚养者应带领即将入托的婴幼儿参观园所，熟悉环境，使其对园所产生好感，减少他们的抗拒心理。同时抚养者也要让婴幼儿在轻松愉快、有规律的生活中逐渐掌握一定的生活和游戏规则，以便于其更好地在保教机构中生活与学习。

（二）在保教机构中进行婴幼儿情感与社会性教育

在保教机构中，教师会开展有目的、有计划的活动，促进婴幼儿自我认识、社会交往以及社会适应能力的发展。保教机构中有许多和婴幼儿年龄相仿的同伴，有经过精心设计的环境，有训练有素的照护者。婴幼儿在与同伴、环境、照护者的相互作用中，其大脑获得全方位的刺激，从而得以发展。更值得一提的是，保教机构还是婴幼儿自我锻炼的好场所。在保教机构中，婴幼儿常常需要自己应付和处理许多事情，婴幼儿的能力、胆量、独立性、主动性、自信心都会在实践中得到锻炼。

我们从下面一个托班的一日活动中可以看到保教机构中生活与教育活动的计划性和科学性（见表2-1）。

表2-1　托班一日活动安排表[①]

时间	内容
7:45—8:30	亲亲阳光（户外活动）
8:30—8:45	快乐停靠站（休息）
8:45—9:00	动感时光（做早操）
9:00—9:20	问候时光（晨间谈话、喝牛奶）
9:20—9:50	宝宝脑力坊（教学活动）
10:00—10:20	运动时光（户外活动）
10:20—10:50	宝宝工作坊（区域活动）
10:50—11:00	分享时光（洗手、餐前准备）
11:00—11:30	美味品尝（进餐）
11:30—12:00	休闲午间（餐后活动、散步）
12:00—14:30	甜蜜梦乡（午睡）
14:30—15:20	宝宝加油站（起床、吃点心）

---

① 来自天津市河西保育院。

续表

时间	内容
15:20—15:40	游戏时光
15:40—16:15	运动时光
16:15—16:45	再见宝宝（区域活动）

1. 在一日生活中开展情感与社会性教育

婴幼儿在保教机构中，在精心设计的、有准备的环境中，学习独立生活，学习待人接物。一日生活的每个环节都是婴幼儿重要的学习机会和途径。比如，起床后怎样穿衣服，吃饭时怎样拿勺子，吃完饭后怎样漱口，都是婴幼儿要学习的。又如，跟小朋友玩耍的时候要注意自身安全，不参与危险的游戏，感觉到危险的时候要学会喊老师相救。

因此，照护者应根据婴幼儿的认知发展特点，精心选取婴幼儿情感与社会性教育的内容，并将其渗透于婴幼儿一日生活之中。例如，为婴幼儿创造整洁、有序的环境，让婴幼儿在潜移默化中积累生活经验与练习生活自理技能；在自发的模仿游戏中，如在学医生看病、学老师上课、学喂娃娃吃饭中，发展其社会行为。照护者应在具体的课程中将婴幼儿已获得的零散的、片段性的生活经验系统化、整体化。

拓 展 学 习

婴幼儿入托后保育与教育工作就要有序开展了，那么我们应如何安排婴幼儿的一日生活呢？

托班一日生活常规内容[①]

1．入园

（1）能按保教机构规定的入园时间到园。

（2）配合保健医生晨检，如果身体不适要知道告诉老师。

（3）心情愉快，积极地来园参加活动，主动使用礼貌用语。能对老师说"老师早""老师再见"，对家长说"再见"。

（4）入园时不携带危险物品、零食。

（5）把自己的物品放到规定的地方。

---

① 来自天津市河西保育院。

拓展学习

2．晨间活动

（1）积极投入晨间活动。活动前，逐渐转入安静状态。

（2）玩玩具时不随便乱跑，不扔玩具，不抢玩具，不打骂小朋友。

（3）按每一种玩具的玩法去玩，想玩别人的玩具时要跟别人商量，经允许才能玩。

（4）取放玩具要轻，要小心，不损坏，玩后放回原处，再取其他玩具。

（5）活动结束后，将玩具放回原处，并摆放整齐。

3．喝水

（1）当自己口渴时，会用语言表达自己的需求。

（2）用自己的水杯喝水，喝水时不拥挤。

（3）会排队拿杯子接水，按照要求端在手上或坐下来喝。

（4）知道接适量的水，不浪费水。

（5）注意不把水洒在地上，用完水杯后将其放回原处。

（6）喝豆浆、牛奶时坐着喝，喝完后用杯子漱口，然后把杯子放到指定地点，并用餐巾擦嘴。

4．盥洗

（1）盥洗时不拥挤。

（2）乐意接受洗手、洗脸、剪指甲等日常清洁要求。

（3）学习洗手、洗脸的一定顺序与方法。

（4）大小便自觉排队，会使用蹲便器，学习自己穿脱裤子，便后洗手。

5．午餐

（1）坐姿正确，将小椅子往里挪，胸口尽量贴近桌子。

（2）愉快、安静地进餐，逐步掌握独立进餐的技能。

（3）安静、专心地进餐，不东张西望，不大声讲话，不长时间讲话。

（4）正确使用餐具：一手拿勺子，一手扶住碗，喝汤时两手端着碗。

（5）不挑食，不用手抓食物，不剩饭菜，不弄脏桌面、地面和衣服。

（6）吃完最后一口饭再站起来，轻放椅子，离开饭桌，送回餐具。

（7）饭后漱口、擦嘴、洗手。轻拿椅子坐在指定地点，安静活动，不影响他人进餐。

拓展学习

6．午睡

（1）睡前如厕、洗手。

（2）保持安静，不大声讲话或嬉笑喧闹，放轻脚步进入寝室。

（3）不带小玩具上床，迅速盖好被（毯），不东张西望，闭上眼睛安静入睡。

（4）中途需要如厕要及时告知老师，不影响别人。

7．离园

（1）能管理好自己的物品。

（2）放好自己的小椅子。

（3）将手上的玩具收拾好放回原处并摆放整齐。

（4）主动与老师、同伴道别。

2. 促进婴幼儿情感与社会性发展的亲子活动

保教机构中的亲子活动是指抚养者与婴幼儿在保教人员的指导下共同进行的活动。在活动中通过游戏的方式，家长可以掌握一些育儿方法与技能。保教机构中有关情感与社会性教育的亲子活动主要围绕婴幼儿的生活来挖掘教育资源。例如，"帮爸爸妈妈捶捶背""我是妈妈的小帮手"，等等。时间因婴幼儿的年龄而定，长短不一。

案例

愉快再见（10个月婴儿，时间3分钟）

活动目标：

1. 家长引导婴儿与同伴交往，理解语言"再见"。

2. 婴儿能简单模仿成人的动作，学会手势语言。

活动准备：

仿真娃娃、音乐《宝宝再见》。

活动过程：

1. 播放音乐，在音乐中操作仿真娃娃让其挥手再见，引导婴儿模仿。

2. 家长用语言和手势与其他家长和婴儿挥手再见。

3. 家长扶着婴儿的手与教师再见。

保教人员在进行亲子活动指导时应注意以下几点：

首先，示范指导，在抚养者与婴幼儿活动时，直接向抚养者示范如何与婴幼儿互动。

其次，口头指导，在亲子活动时，随时发现问题，随时指导。

最后，集体指导与个别指导相结合。集体指导是针对抚养者的共性、普遍的问题进行的指导。个别指导是针对个别差异进行的一对一指导。

在活动过程中，保教人员要积极指导婴幼儿，也要有意识地指导抚养者，让抚养者明白活动的目的与意义并学会如何指导婴幼儿。抚养者要明白自己不是简单的陪伴者，而是活动学习者和婴幼儿学习的指导者。抚养者需要将活动延伸到家庭生活中（见图 2-3）。

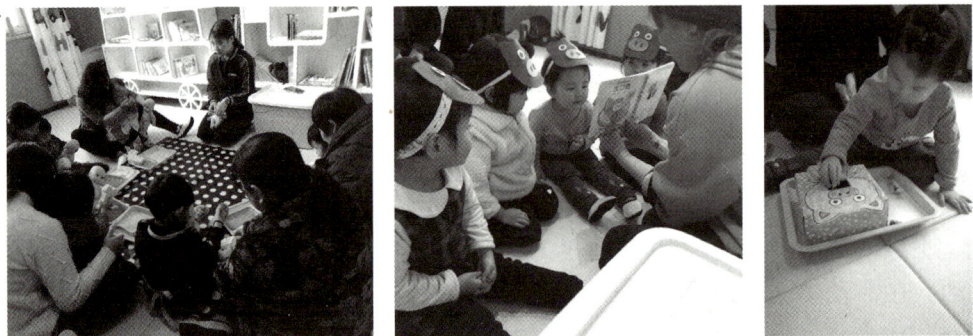

图 2-3　保教机构的亲子活动

面向婴幼儿的课程，越贴近生活就越具有教育价值。0～3 岁婴幼儿教育就是要引导婴幼儿过幸福的、有意义的童年生活，促进婴幼儿身体和精神的发展，即促进婴幼儿的生命成长。0～3 岁婴幼儿教育，是教育也是生活。

拓展学习

婴幼儿教育的方法、途径与成人的明显不同。结合自己的学习经历，扫描文旁二维码观看视频，比较以下教育方法、途径的异同。

1. 生活教育：婴幼儿的思维发展阶段及语言发展水平使婴幼儿不能理解过于抽象的内容。因此，对其的社会性教育可以在生活中进行。比

拓展学习

如，婴幼儿偶然出现亲社会行为时，成人应予以表扬，并延展这种行为发生的场景。

2. 行为练习法：婴幼儿生活自理能力的形成，需要通过不断练习。而重复机械的练习容易使人烦躁，所以最好是在生活中进行实践式练习并配合强化。

任务三 0~3岁婴幼儿情感与社会性教育的评价

教育评价是根据一定的教育价值观或教育目标，运用可行的科学手段，通过系统地收集信息资料和分析整理，对教育目标、教育过程和教育结果进行价值判断，最终为教育决策提供依据的过程。

婴幼儿情感与社会性教育评价的内容主要包括对婴幼儿情感与社会性发展的评价和对保教机构相关教育的评价。

一、对0~3岁婴幼儿情感与社会性发展的评价

0~3岁是婴幼儿迅速成长与发展的时期。对他们发展情况的及时了解和评价是实施有效教育的重要环节。对这一年龄阶段婴幼儿的评价由抚养者、医疗人员、保教机构的照护者来完成。评价的方法有多种，如观察记录法、作品分析法等。

表2-2是婴幼儿情感与社会性发展观察记录表。抚养者和照护者可一到两周记录一次。当观察到婴幼儿出现某一情感与社会性行为时，具体描述该行为，并记录这一行为的发生时间，时间单位为"月"。

表2-2 婴幼儿情感与社会性发展观察记录表

基本信息	发生场景	情感与社会性行为描述	行为发生时间

二、对保教机构中婴幼儿情感与社会性教育的评价

婴幼儿情感与社会性教育的评价，对于照护者来讲是十分重要的工作内容。保教机构中有关婴幼儿情感与社会性教育的评价内容主要包括室内外环境、课程和照护者。

（一）室内外环境评价

良好的环境有助于课程目标的实现。照护者对材料、空间、时间与人的有效组织，能促进婴幼儿与同伴和照护者的高质量互动。对保教机构环境的评价主要从以下几个方面进行。

1. 安全与卫生

安全与卫生是保教机构环境评价中的首要因素。保证婴幼儿生命健康是保教机构的首要任务。保教机构中的设施要防止婴幼儿触电、走失或其他突发情况的发生。例如，室内的地毯可以在婴幼儿摔倒时保护其免受伤害，室外的草地也可以在婴幼儿摔倒时使其减少一些擦伤。各种器械、玩具的及时保养、清洁等是保证婴幼儿活动安全的重要条件。适宜的温度、光线、色彩等会使婴幼儿有舒适感和愉快的心情。

2. 适合婴幼儿的年龄特点

室内外环境应有助于 3 岁以下婴幼儿的身心发展，如柔软的地毯等可以供婴幼儿坐下来，也可以降低噪声。充足的同类型的教具等有助于 3 岁以下婴幼儿独自游戏或平行游戏。大小合适的设备和材料，如座椅、餐具有助于增加婴幼儿的舒适感，减少他们的疲劳感。

3. 适宜的空间分隔与材料投放

室内外环境应设有私人空间，这有助于个体情绪的调整；应设有婴幼儿小组活动的空间，这有助于同伴之间的交往与互动。

室内外环境中的安静区和喧闹区应分开。材料投放应有序、完整，应投放有用的材料。这样有助于婴幼儿秩序感、规则意识和自理能力以及亲社会行为的形成。

（二）课程评价

要建立规范的课程评价体系，把促进婴幼儿发展作为课程评价的中心。照护者通过观察婴幼儿、研究婴幼儿的作品、与其抚养者交谈等方式了解婴幼儿发展的现状，然后评价其发展水平。保教机构课程评价分为课程方案评价、课程实施过程评价、课程实施效果评价三个方面。

1. 课程方案评价

课程方案评价包括课程方案理念和课程方案结构的评价。

课程方案理念应正确，真正符合婴幼儿发展的需要。在保教机构，课程不应该过早分门别类。根据婴幼儿的兴趣从不同领域切入的早教课程应该包含多重目标，即确保课程目标的全面性，而非以发展某项单一的技能和达到某个目标为主。0～3岁婴幼儿的早期教育应该关注婴幼儿生命的整体性，要引导婴幼儿智力方面的发展，更要促进婴幼儿体力、情绪、审美等方面的发展。

课程方案的基本框架要完整，应该包括目标、内容及评价体系。除了完整外，安排要合理，目标体系应当分级并分年龄段，各级目标之间应体现连续性。方案要突出目标的适宜性，以及内容的生活化、经验化和丰富性。

2. 课程实施过程评价

课程实施过程评价包括婴幼儿的表现，照护者的表现，照护者、抚养者、婴幼儿的多方互动，以及环境与资源的利用情况。课程实施要突出生活性，要做到保中有教、教中有保，自然渗透、教养合一。通过日常的养育活动，自然而然地实施教育。课程实施主要以游戏为主。

3. 课程实施效果评价

课程实施效果评价包括评价婴幼儿、照护者和抚养者的发展。[①]

评价婴幼儿的发展，可通过分析婴幼儿的作品，看活动目标是否达到。保教活动应当促进婴幼儿动作、认知、个性及社会性等各方面的发展。

评价照护者的发展，主要评价保教活动是否促进了教师专业能力的发展、教育观念的转变及思想素质的提高。

抚养者与婴幼儿同为保教活动的主体，所以抚养者的发展同样很重要。抚养者是否学到并应用了科学的育儿知识和育儿方法，是否更新了教育观念等都属于评价的范畴。

（三）照护者评价

好的照护者要有爱心，愿意和婴幼儿相处。除具备婴幼儿保健、营养、心理和教育的知识外，照护者在亲和力、观察力、应变能力等方面也要有一定的储备。

照护者与婴幼儿的互动品质是婴幼儿情感与社会性教育评价的关键内容。其中包括：是否了解婴幼儿的发展水平与经验，是否帮助婴幼儿熟悉环境和他人，是否帮助婴幼儿参加团体活动，是否有正向的行为示范以及对婴幼儿的支持与鼓

---

① 陈旭梅：《0—3岁亲子园课程评价的研究》，硕士学位论文，山西大学，2015。

励等，是否与抚养者沟通有关婴幼儿吃、睡、玩的情况，并和抚养者一起解决婴幼儿的发展问题等。

例如，美国幼教协会对早教教师应具备的专业素养提出了严格的标准：能够与婴幼儿保持积极、愉悦的互动，并成为婴幼儿发展的推动力量；以对婴幼儿行为表现的观察和评量为设计个性化课程和设置课程计划的依据；善于为婴幼儿营造健康、安全的心理与物理环境；能够与家长建立有效的沟通方式；对婴幼儿发展有着深刻的理解和体悟，能够在实践中运用所学的心理学、教育学知识等。这些标准值得我们借鉴。

学习检测

1. 婴幼儿情感与社会性教育的意义有哪些？
2. 举例说明婴幼儿情感与社会性教育的原则。
3. 婴幼儿情感与社会性教育的目标包括哪些？
4. 婴幼儿情感与社会性教育的实施途径有哪些？
5. 婴幼儿情感与社会性教育的评价应从哪几个方面入手？
6. 如何评价婴幼儿情感与社会性的发展？

分享讨论

1. 材料：喵喵和乐乐因为一个小玩具争执起来了。乐乐用玩具打了喵喵的脸。喵喵号啕大哭，向老师告状。老师看了看喵喵的脸，生气地走到乐乐面前，蹲下来跟他说："你怎么能打人呢？老师说过，不许打人，打人是不对的……"

问题：你认为老师的处理方式对解决同伴冲突是否有效？会起到什么样的效果？原因是什么？

2. 材料：出门前，爸爸妈妈与宝宝约定好了不买玩具。结果，宝宝到了商场，看到新款玩具就将之前的约定统统抛到了九霄云外。当要求被拒绝后，他就开始一哭二闹三打滚。

问题：如果你是这个宝宝的家长，你会怎么办？

3. 材料：一位年轻的妈妈听到她两个月大的宝宝哭了，判断是宝宝小便了，需要换尿布。于是妈妈打开包宝宝屁股的尿布，谁知刚刚提起宝宝的小腿，宝宝正好尿了出来，差一点尿到妈妈的脸上。妈妈哭笑不得，点着宝宝的小鼻头笑言

"小坏蛋"。宝宝也笑了。

问题：宝宝笑了，你认为他明白妈妈在说什么、笑什么吗？

🔔 实践体验

1. 在日常生活中，通过练习交往中的注视、微笑等能提高婴幼儿与人交往的能力。请学生进行自我体验游戏。

注视练习：两人一组进行注视游戏。

微笑练习：两人一组进行微笑游戏。

游戏结束后，请体验者表达自己在游戏中的感受。

2. 到保教机构中观察该机构创设的环境是否适合0～3岁婴幼儿情感与社会性的发展。

3. 观摩保教机构中的亲子活动和婴幼儿教育活动，分析该机构中的课程是否关注和有助于婴幼儿情感与社会性的发展。

单元三　0~3岁婴幼儿自我的发展与教育

导言

　　婴儿刚出生时并没有"我"的概念。婴幼儿最初看到镜子里的自己时表现出的是惊讶，然后在与环境的互动过程中渐渐意识到那就是自己。婴幼儿的自我意识是怎样发生发展的呢？本单元将用两个部分予以介绍：第一部分系统讲述0~3岁婴幼儿自我发展的相关理论研究成果，其中包括自我概念、自尊和自我控制的定义、发展特点与影响因素等；第二部分是0~3岁婴幼儿自我概念、自尊和自我控制的教育概述，将教育理论与实践紧密结合，在理论讲解的同时用具体形象的方式呈现了保教机构和家庭中的教育案例，以便于学习者更好地掌握相应的教育技能。

学习目标

1. 了解自我概念、自尊和自我控制的定义及作用。

2. 掌握0~3岁婴幼儿自我概念、自尊和自我控制的形成与发展特点。

3. 掌握0~3岁婴幼儿自我概念、自尊和自我控制形成与发展的影响因素。

4. 能够运用合适的方法对0~3岁婴幼儿进行自我概念、自尊和自我控制的教育。

5. 明确家长在0~3岁婴幼儿自我概念、自尊和自我控制的教育中的地位与作用。

知识导览

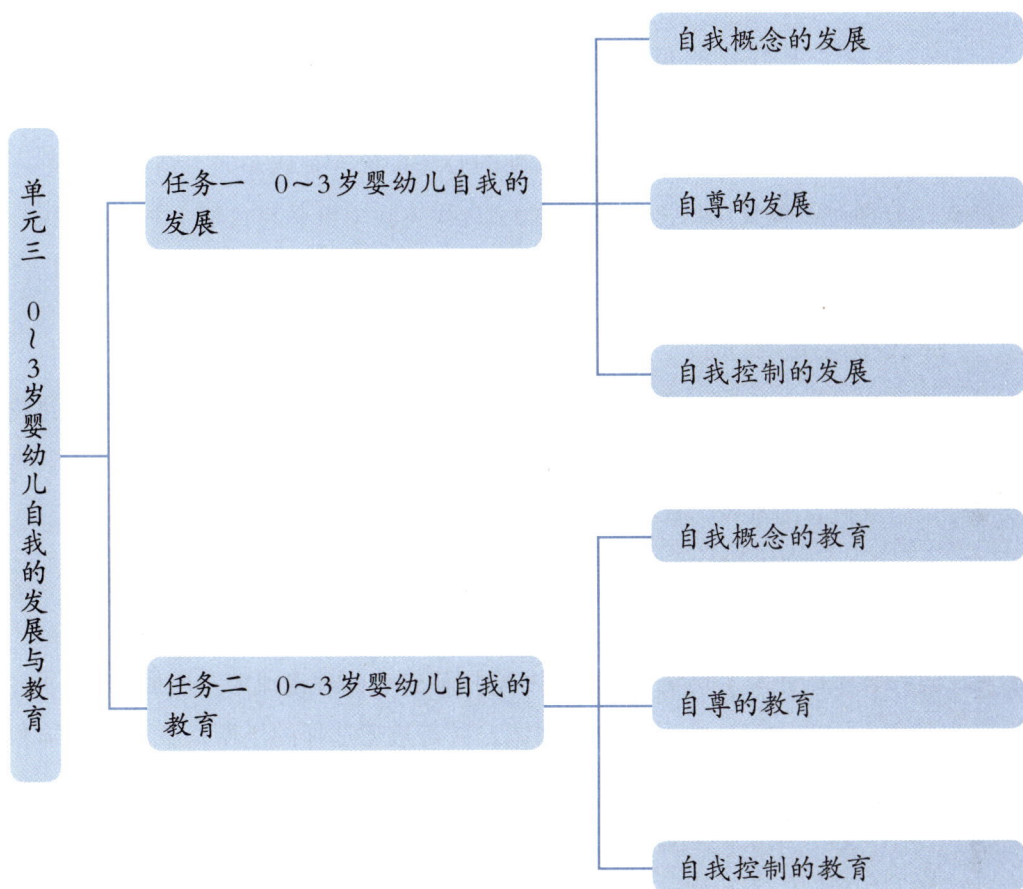

任务一   0~3岁婴幼儿自我的发展

心理学意义上自我的概念是由美国的哲学家、心理学家威廉·詹姆斯（William James）提出的。根据自我在心理发展中的地位和表现，自我被分为经验的自我和纯粹的自我。自我是一个多维度的心理系统，有认知的、情绪的和意志的形式，分别对应自我认识（自我概念）、自我体验（自尊与自信）和自我控制。0~3岁婴幼儿自我的发展主要分为自我概念、自尊和自我控制的发展三个方面。

一、自我概念的发展

自我认识的产生包括三个层次：对自己的机体及其状态的认识；对自己的肢体活动状态的认识；对自己的思维、情感、意志等心理活动的认识。自我认识的发展是以自我概念的发展为核心的。

（一）自我概念的定义

自詹姆斯在《心理学原理》一书中提出自我概念后，越来越多的心理学家开始关注这一领域的研究。历史上，自我概念因研究者的理论流派及所属学科不同，而具有各种不同的含义。哲学和神学强调自我是道德选择的场所；临床心理学和人本主义心理学强调自我是个体独特性和神经症的根源；社会学强调语言与社会的相互作用是自我实现的基础；实验社会心理学强调自我是认知组织、印象管理和动机激发的源泉。不论哪一种含义都在回答"我是谁"的问题，都认为自我概念是一个人对自己各方面的知觉。

自我概念是指个体对自己的印象，包括对自己存在的认识，以及对自己身体、能力、性格、态度、思想等方面的认识，是由一系列态度、信念和价值标准所组成的认知结构。

自我概念对人一生的发展起着至关重要的作用，决定着个体的行为方式、理想和信念。对自我概念的研究较为突出的是伯恩斯（Burns）的研究。他在《自我概念发展与教育》一书中，系统论述了自我概念的重要作用。伯恩斯认为，个体良好的自我概念一旦产生，就会积极发挥作用。良好的自我概念的作用主要体现为以下几点：第一，保持内在的一致性和行为的一贯性。自我概念促使矛盾的内部观念发挥协调一致的功能。第二，决定个体对经验的解释。一个人若认为自己能力一般，只能取得一般的成绩或成就，在取得很好的成绩或成就时就会认为取得了极大的成功，从而感到欣喜与满足；而对于自认优秀的个体而言，同样的成绩或成就可能就不会带来同等的愉悦感。第三，影响个体的期望水平。在不同的情境中，人们对该情境中某些事情的期待、对他人及自己的行为方式的解释，都取决于自我概念。

自我概念对人的学习成绩、职业成就、心理健康状况均有影响。因此，我们在关注婴幼儿智力培养的同时，也要注意婴幼儿良好的自我概念的培养。

（二）0~3岁婴幼儿自我概念的形成与发展特点

婴幼儿最初是不能理解主体我和客体我的。现代学者对婴幼儿自我概念发展的研究大都以婴幼儿在镜子前面时是否产生自我指向行为或者自我指向行为是否增加为标志来确定婴幼儿自我概念的发展，并且在自然观察的基础上改变了某些实验条件，以使婴幼儿自我概念发生发展的指标更加明显。

迪克逊（Dixon）观察了5名4~12个月大的婴儿的镜像反应，记录了婴儿的微笑、语声和触摸等活动，还进行了婴儿对自己镜像、母亲镜像和另一儿童镜像反应的比较。根据结果，他将婴儿的自我认知分为4个阶段。①"妈妈"阶段，出现在婴儿4个月左右，表现为对妈妈而不是对自己的镜像感兴趣，如对妈妈的镜像微笑发出咿呀语声。②"同伴"阶段，出现在婴儿4~6个月时，表现为把自己的镜像当作一个可与之打交道的同伴一样来对待。③"伴随行动"阶段，出现在婴儿7~12个月时，表现为会随着自己的动作镜像做出相同动作。例如，婴儿看见自己抓头发的镜像，而后做出抓头发的动作。这表明婴儿似乎意识到自己是该动作的发出者。④"主体我"阶段。1岁婴儿能够把自己的镜像动作与其他婴儿的区分开来，开始对自己的镜像感兴趣。

阿姆斯特丹（Amsterdam）在研究方法上借用了盖洛普（Gallap）研究黑猩猩自我再认的"红点子"方法，通过在婴幼儿毫无觉察的状态下在其鼻尖上涂上一个红点来揭示婴幼儿自我认知的发生发展过程，从而使婴幼儿自我意识的研究取得了突破性进展。阿姆斯特丹认为，如果婴幼儿表现出意识到自己鼻尖上红点的自我指向行为，那就表明婴幼儿具有了自我认知的能力。如果婴幼儿特别注意自己鼻尖上的红点或者能够找到自己鼻尖上的红点，就说明婴幼儿已经对自己的面部特征有了清楚的认识，同时也说明婴幼儿已经有了把自己当作客体来认识的能力。阿姆斯特丹研究了88名3~24个月大的婴幼儿，并对其中2名12个月大的婴儿进行了为期1年的追踪研究。研究发现：13~24个月大的幼儿开始对镜像表现出一种小心翼翼的行为；20~24个月大的幼儿显示出比较稳定的对自我特征的认识，他们能对着镜子触摸自己的鼻子和观看自己的身体。阿姆斯特丹认为，这是婴幼儿出现了有意识的自我认知的标志。

刘易斯（Lewis）重复使用了阿姆斯特丹的"红点子"技术，试图揭示婴幼儿的自我认知。他在实验中发现，在9~24个月大的婴幼儿鼻子上涂上红点后，他们都表现出更多的自我指向行为。他们对镜像微笑，抚摸自己的身体，发出语声，说明婴幼儿已能意识到自己身体特征的一些变化。然而只有到15个月大时，幼儿才出现直接触摸自己鼻子上的红点的行为。对此，刘易斯认为，15个月是幼儿客体我发展的转折点。

哈特（Hatter）在概括、总结了大量有关研究的基础上，提出了婴幼儿主体我和客体我的发展模式，将婴幼儿自我认知的发展分为五个阶段。前三个阶段为主体我的发展阶段，后两个阶段为客体我的发展阶段。这一总结普遍为人们所接受。

1. 主体我阶段

（1）5~8个月

婴儿显示出对镜像的兴趣。他们注视它，接近它，抚摸它，对它微笑。但他们对自己的镜像与对其他婴儿形象的反应没有区别，说明他们并未认识到镜像是自己的像、自己与他人的差别，以及自己是独立存在的个体。因此，婴儿还没有萌生自我认知。

（2）8~12个月

婴儿表现出对自己作为活动主体的认识，表现为他们以自己的动作引起镜像中的动作。他们主动地使自身动作与镜像动作相匹配，表明婴儿对自己作为活动主体的认识。在这个阶段，婴儿产生了初步的主体我认知。

（3）12~15个月

幼儿已能区分自己发出的活动与他人发出的活动的区别，对自己的镜像与自己的活动之间的联系有了清楚的觉知，说明幼儿已会把自己与他人分开。主体我得到明确的发展。

2. 客体我阶段

（1）15~18个月

幼儿开始把自己作为客体来认识，表现在对客体特征（如鼻子上的红点）与主体特征的联系上，认识到客体特征来自主体特征，对主体的某些特征有了稳定的认识。这反映了幼儿在客体我水平上的自我认知的发展。

（2）18~24个月

幼儿已具有了用语言标示自我的能力，如使用代词"我""你"标示自我与他人。幼儿在此年龄段已经能意识到自己的特征，能从客体中认识自己，用语言标示自己，表明幼儿已具有明确的客体我认知。

综上所述，婴幼儿的自我认知是在与外界客体的相互作用中产生和发展的。这种自我认知能力的发展，使婴幼儿处理自己与外界事物、自己与他人的关系时更符合社会交往准则。婴幼儿自我意识和语言的发展，是婴幼儿从自然人向社会人转化的关键一步。

（三）0～3岁婴幼儿自我概念形成和发展的影响因素

影响婴幼儿自我概念形成和发展的因素有很多，如个体自身因素、重要他人因素、社会文化因素和经济因素等。其中对婴幼儿影响较大的是个体自身因素与重要他人因素。

1. 个体自身因素

婴幼儿的认知发展水平影响着自我概念的形成与发展。自我概念随着认知经验的发展不断完善。认知水平使婴幼儿具备了发展成熟的自我概念的可能性。自我识别能力为自我概念的形成奠定了基础；语言能力可以帮助婴幼儿建构牢固的"自我"和"他人"概念，使婴幼儿逐渐理解个体行为模式的特点以及倾向性，形成具体的自我描述。希尔（Hill）等人研究表明，精神发育迟缓的婴幼儿只有心理年龄达到18～20个月时，才能发展出自我识别能力。

2. 重要他人因素

自我概念是个体通过与他人的相互影响而逐渐形成的。婴儿生来没有自我概念，他们根据他人如何对待自己而逐渐学会认识自己。抚养者在婴幼儿自我概念的形成中起着重要作用，属于重要他人。此外，照护者和同伴也是婴幼儿社会关系中的重要他人。

（1）抚养者（主要指父母）

家庭是婴幼儿心理发展的主要环境。父母作为婴幼儿早期的重要他人，对婴幼儿自我概念的发展发挥着关键作用。

亲子关系。婴幼儿在早期与父母建立的依恋关系，影响着以后的亲子关系。积极的亲子关系对婴幼儿良好自我概念的形成和发展有着积极的影响。父母的关爱、表扬与鼓励有助于婴幼儿正确地认识自己、悦纳自己。父母的忽视、批评和责备则容易使婴幼儿产生失落和挫败感，从而否定自我。

教养方式。不同的教养方式通过父母传递的信息影响着婴幼儿自我概念的发展。例如，权威型的教养方式容易使婴幼儿感受到尊重和肯定，从而有助于婴幼儿学习如何尊重他人，并悦纳自己。溺爱型的教养方式容易导致婴幼儿情绪不稳定、意志薄弱，容易使婴幼儿形成骄横、任性或者依赖、自卑的性格，产生不良的自我概念。

（2）照护者

随着婴幼儿入托，照护者开始在婴幼儿的社会生活中扮演重要角色。照护者在婴幼儿自我概念的发展过程中持续发挥作用。由于婴幼儿的自我认知水平有限，婴幼儿对自我的认知和评价在很大程度上依赖于外部评价。照护者的身份决定了其对婴幼儿的评价成为婴幼儿自我评价时的重要外部评价依据之一。照护者对婴幼儿行为的评价直接影响婴幼儿的自我概念。照护者的一些无意识行为会在不知不觉中成为婴幼儿自我评价的参照，影响其自我概念的发展。

（3）同伴

年龄相同或相近的婴幼儿在某种共同活动中体现出相互协调的关系，就构成了婴幼儿的同伴关系。同伴关系为婴幼儿学习技能、交流经验、宣泄情绪、习得社会规则、完善人格提供了机会。随着年龄的增长，同伴发挥了比父母更重要的作用。哈特普（Hartup）强调了同伴交往经验对婴幼儿自我概念和人格发展的重要性。他认为人都有希望被同类赞赏的本能倾向。如果一个人没有得到足够关注，他就可能产生自我怀疑。帕克赫斯特（Parkhurst）等人研究发现，被拒绝或交往退缩的婴幼儿因为与同伴积极交往的机会有限，其自我概念的发展受到明显影响。研究表明，在保教机构中遭受同伴欺负的次数和婴幼儿的自我概念水平显著负相关，而被欺负的婴幼儿的低自尊无形中又加固了这种恶性循环。此外，欺负他人的婴幼儿的自我概念水平也较低。婴幼儿产生欺负他人的行为常常是父母之间冲突、争吵的结果。

二、自尊的发展

自我体验就是主体在自我评价的基础上，对评价结果是否符合自己的需要所产生的"是否对自己感到满意""能否悦纳自己"的一种自我参与的高级情绪。自尊、自信、自豪等都是自我体验的表现。

（一）自尊的定义

在婴幼儿的成长过程中，随着自我认识的日益深入，婴幼儿逐渐开始对自身所拥有的特征和品性进行评价，自尊由此就产生了。

自尊，也称"自尊心""自尊感"，是个体基于自我评价形成的一种自重、自爱，并要求受到他人、集体和社会的尊重的情感体验；是自我中可被评估的部分，是通过社会比较而产生的对自身的积极或消极的看法。自尊有强弱之分，过强则变成虚荣，过弱则变成自卑。

自尊是人的高层次需要。马斯洛的需要层次理论指出，人类动机是由多种不同性质的需要组成的，这些需要依次为生理需要、安全需要、社会需要、尊重需要和自我实现需要。人人都希望自己有稳定的社会地位，希望自己的能力和成就能得到社会的承认。尊重需要又可分为内部尊重需要和外部尊重需要。内部尊重需要是指一个人希望在各种不同的情境中有实力，能胜任工作，充满信心，能独立自主。总之，内部尊重就是人的自尊。外部尊重需要是指一个人希望有地位、有威信，受到别人的尊重、信赖和高度评价。马斯洛认为，尊重需要得到满足，能使人对自己充满信心，对社会充满热情，体验到自己活着的用处和价值。

对自己评价较高、喜欢自己、接纳自己的高自尊的人，面对失败会倾向继续努力。而那些经常对自己感到失望的低自尊的人，更倾向于体验焦虑和孤单，对生活失去信心，或者产生更严重的后果。

教育家苏霍姆林斯基曾指出，人类有许多高尚的品格，但有一种高尚的品格是人性的顶峰，这就是个人的自尊心。自尊作为个体自我系统的核心成分之一，虽然是一种内在的情感，却影响着个体外在的行为。它的发展状况不仅与个体的心理健康有直接联系，而且是健康人格发展的必备要素之一。它对个体的认知、动机、情感、个性及行为具有极大的影响力。自尊在心理系统中起着制约作用，体现为它直接影响个体的情绪，并通过情绪间接影响个体的活动动机，进而影响个体的整个精神面貌。同时，它也受到个体自身状况与外界环境等多种因素的影响。

自尊的建立有助于婴幼儿健康成长，尤其是心理健康。高水平的自尊是健康心理和健康个性的主要标志。自尊与心理能动性，如独立性、自主性、创造性、乐群性、主动性等有着十分密切的关系，同时也与那些起着能动作用的人格因素相关，而这些人格因素又恰恰体现了人的心理活动的有意性、积极性和能动性。

拓展学习

高自尊的负面效应

现代心理学家的研究已经阐明一个基本的事实：高自尊并不像我们常说的那样特别有利，而低自尊也未必像我们所理解的那样是不恰当的。在高自尊的不利表现方面，心理学家布什曼（Bushman）和鲍迈斯特（Baumeister）的实验是一个被广泛引用的例证。

（二）0～3岁婴幼儿自尊的形成和发展特点

林崇德指出，自尊萌芽于幼儿3岁左右。幼儿会因为自己犯错而感到羞愧，不愿被当众训斥，开始在意他人的评价。

婴儿3个月之前的反应主要来自感知觉。外界事物发出某种刺激时，婴儿的感官就会接收到信息。耳朵、眼睛、皮肤甚至身体的各个器官都能与环境互动，但这种互动是一种条件反射式的响应，并非大脑有意控制的结果。这个时期婴儿从生理和心理来说都没有达到能够萌生出自尊心的状态。

3～6个月时，自我概念产生。婴儿知道用自己的肢体，尤其是手，去回应外界发出的信息。从这个阶段起，婴儿的心理状态有所发展，为自我意识的萌芽奠定了基础。

7～9个月时，婴儿学会了爬行。这时婴儿对自己身体的控制能力大大提高，能够按照自己的意愿爬到自己想去的地方，开始"不听话"了，这是婴儿主观意识的重要表现。如果抚养者批评他或者说他的坏话，他会觉得很委屈，甚至哭泣，内心敏感而脆弱。

1～2岁时，学习行走的过程解放了幼儿的身体。身体的解放意味着思想的独立。幼儿有了更强烈的自我意识，言行举止体现出我行我素的状态。这种自我意识体现在自尊心方面，意味着到这个阶段幼儿的自尊心才呈现出完整的"人是有自尊的"状态。此外，随着语言能力的提高，这个时期幼儿与家人的交流更加频繁，在与人的交往过程中意识到人与人之间需要彼此尊重。自尊心真正独立于身体而显现出来。

2～3岁是幼儿心理成长的一个分界线。他们开始走出家庭，进入社会；开始走出我行我素的心理状态，重视他人的评价，而且能够听从他人的建议，同理心也在慢慢养成。

（三）0～3岁婴幼儿自尊形成和发展的影响因素

婴幼儿的自尊在3岁左右萌芽，但它并不是突然出现的，其萌芽状态及水平主要受个体自身因素与家庭因素的影响。

1. 个体自身因素

（1）外貌

外貌是个体自我认知的重要组成部分。个体对自己的外貌是否满意，以及在此基础上形成的自我感觉如何，都会对其自尊的形成有直接的影响。对自己的外貌有积极感受并且重视他人对自己外貌评价的人通常具有较高的自尊水平。

哈特及其同事在对自尊的研究中得出了一个令人疑惑的结果：自尊水平与外貌的相关度高达 0.8，甚至在智力超常者及学习困难者这些特殊群体中也是如此。外貌在很大程度上影响着人们的自尊水平。较好的外貌条件，在日常生活中往往会使幼儿相较于其他方面与自己有同等水平的幼儿，得到一些更好的机会与他人的积极评价。这种肯定反过来会强化幼儿对自己的肯定，使幼儿形成积极自尊。

门德尔松（Mendelson）等人对体重与自尊的关系进行了研究。研究发现，个体的自尊并不受其体重本身的影响，而是受其对体重的感受的影响，也就是受他所在群体的审美标准的影响。在以瘦为美的群体中，体重超过一般水平的人就会对自己的体重感到不满，减重变成他生活的重心，进而影响积极自尊的形成。

（2）自我意识与自我评价水平

随着自我意识和自我评价水平的不断提高，婴幼儿的自尊发展水平也呈现年龄阶段特征。能力强、品德高尚的人往往会获得较高的社会评价，进而形成良好的自我评价，就会拥有高水平的自尊。

2. 家庭因素

（1）亲子关系

张文欣、吴怡欣等人的研究表明，在亲子关系中，亲子的情感关系是核心。婴幼儿在亲子关系中感受到的积极情感越多，其自尊水平越高。抚养者的职业、受教育水平以及社会地位等间接影响亲子关系的建立，从而影响婴幼儿的自尊水平。抚养者在婴幼儿自尊形成和发展的过程中起着非常重要的作用。良好的亲子关系对婴幼儿的自我意识、自我评价和自尊的形成均具有积极意义。

（2）教养方式

国内外研究都较一致地表明，教养方式是家庭因素中对婴幼儿自尊发展影响最大的因素。它不仅对自尊总体发展水平有显著影响，同时对自尊各个方面的发展也具有显著影响。库柏·史密斯（Cooper Smith）在父母的抚养方式对自尊的形成和发展的影响研究中指出，高自尊幼儿的家庭教养方式具有以下几个特点：第一，高自尊幼儿的父母经常对幼儿表达自己的关心和爱护。幼儿通过接受父母的关心与爱护，产生良好的自我评价。第二，高自尊幼儿的父母对幼儿的要求是严格的，并且一以贯之，使幼儿清楚地知道自己哪些该做、哪些不该做，以及哪些能做、哪些不能做，从而较少受批评。第三，高自尊幼儿的父母较少使用体罚。当幼儿犯错误时，父母情绪稳定，并较多用冷处理的方式让幼儿进行自我反思，再进行教育。第四，高自尊幼儿的父母在家庭决策上多采用民主的方式，让幼儿能够充分表达自己的观点。幼儿的观点被采纳，增强了幼儿的主体意识。近期研究也发现，如果母亲包容、慈爱，女孩的自尊水平就高；如果母亲对幼儿控制过多，就会降低男孩的自尊水平；受父母虐待的幼儿的自尊水平也较正常幼儿低。

三、自我控制的发展

个体出生时并不具备自我控制的能力。自我控制是婴幼儿在生理逐渐成熟的过程中，通过与外界环境相互影响，并在外界（尤其是抚养者）的要求和指导下产生和发展的。

（一）自我控制的定义

自我控制指的是个体的自主调节行为。根据社会环境的要求，个体通过适时地调整自身的心理和行为完成某项任务。个体可以引发或制止特定的行为，如抑制冲动、抵制诱惑、延迟满足等。

自我控制是婴幼儿社会化的重要特征。它是婴幼儿自我发展和自我实现的基本前提与根本保证。自我控制能力的发展直接影响婴幼儿的学习、生活、社会交往，以及良好个性的形成。

婴幼儿的自我控制主要包括对动作和运动的控制、对认知活动的控制、对情绪情感的控制。

（二）0～3岁婴幼儿自我控制的形成和发展特点

有研究表明，幼儿期是自我控制能力发展的关键期，因此，做好幼儿自我控制能力的培养尤为重要。幼儿3岁时，其大脑皮质抑制机能尚未完善，兴奋和抑制过程发展不均衡，兴奋占据很大优势，所以幼儿活泼好动，自我控制能力水平往往较低。但自我控制能力在0～3岁仍表现出了明显的阶段性，如表3-1所示。

表3-1　婴幼儿自我控制能力的发展阶段

阶段	月龄	特征
神经生理调节阶段	0～2、3	刺激调节
知觉运动调节阶段	3～9	根据环境改变正在进行的活动
外部控制阶段	12～18	服从控制者的命令，能意识到自己的行为
自我控制阶段	24～	表征思维与回忆，在没有成人监控的条件下按照社会要求行动
运用语言进行自我调节阶段	36～	根据外界情境要求的不同而控制行为，使用控制策略，反省自己的行为

表 3-1 显示，婴幼儿的自我控制能力是以自身的认知发展为基础的。此外，0～3 岁婴幼儿的自我控制更多地表现为对自己动作和运动的控制。

（三）0～3岁婴幼儿自我控制形成和发展的影响因素

婴幼儿自我控制是由外部控制开始，然后逐渐发展起来的。自我控制是婴幼儿完善人格的一个重要方面，对婴幼儿发展起着重要的作用。要想培养婴幼儿的自我控制能力，就要分析自我控制发展过程中的影响因素有哪些。综合考虑这些影响因素之后制订的教育方案才能行之有效。

1. 个体自身因素

神经系统的发育直接影响婴幼儿自我控制能力的形成和发展，尤其是大脑皮质的发展。大脑皮质的发展是和信息加工、自我调节水平直接联系的。大脑皮质的抑制作用随着大脑皮质的发展逐渐发展起来，为婴幼儿自我控制的发展提供了生理前提。

婴幼儿的年龄、性别也影响其自我控制能力。年龄越大、认知水平越高的幼儿，其自我控制能力相对越高；男孩与女孩相比，女孩呈现出更高水平的自我控制能力。

2. 环境因素

影响婴幼儿自我控制能力发展的环境因素主要是人的环境和物的环境。其中，人的环境主要指抚养者对婴幼儿的教育模式。

（1）抚养者的教育模式

抚养者不同的控制模式会使婴幼儿形成不同的自我控制特征。抚养者要求合理，会使婴幼儿形成较好的自我控制特征；抚养者对婴幼儿过度保护或过度放任，容易使婴幼儿形成消极的自我控制特征；严控下的婴幼儿容易过度自控，盲目顺从；限制控制下的婴幼儿多有退缩性行为或攻击性行为；专断控制下的婴幼儿成年后的犯罪率及反社会行为较多。

（2）物质诱因

物质诱因影响婴幼儿的自我控制行为。婴幼儿的兴趣广泛且不断深入。任务周围的任何事物，甚至是任务本身隐含的一些要素都可能影响婴幼儿完成任务的效果。利于任务完成的物质会提升婴幼儿的自我控制能力，而不利于任务完成的物质会降低婴幼儿的自我控制能力。

3. 教育因素

言语指导包括自我言语指导和成人言语指导，可以帮助婴幼儿控制自己的行为，但是多在幼儿4岁以后发挥明显作用。

榜样的作用对婴幼儿的自我控制行为有很大的影响。自我控制行为也可以通过模仿习得，所以在婴幼儿不明白为什么需要控制自己的行为和需要，但周围的人都在这样做时，为寻求积极的外部评价，婴幼儿的模仿行为就会产生。

游戏能够促进幼儿自我控制能力的发展。游戏是婴幼儿的主要活动和学习方式。其中规则游戏给婴幼儿提出了更多的要求，所以规则游戏在促进婴幼儿自我控制能力上有明显的积极作用，可以使婴幼儿在游戏中潜移默化地提高其自我控制能力。

此外，面对不同性质的任务，婴幼儿所表现出的自我控制能力不同。如果任务是婴幼儿熟悉并喜欢的，那么为了完成这一任务，婴幼儿会表现出更好的自我控制；如果任务结果是婴幼儿希望获得的，那么为了获得任务结果，婴幼儿的自我控制也会表现良好。

任务二　0~3岁婴幼儿自我的教育

0~3岁婴幼儿的自我处于萌芽阶段，在3岁后才进入快速发展时期。所以这一阶段的教育重点应是婴幼儿自我知识与经验的积累。婴幼儿需要的是他人的支持、引导与鼓励，而不是严肃、正规化的学校教育。

一、自我概念的教育

（一）0~3岁婴幼儿自我概念的教育

0~3岁婴幼儿自我概念教育的内容比较简单，主要包括对自己的性别、年龄、名字以及躯体等外部属性与特征的认识。外部属性与特征的认识，主要是通过语言的不断呼应与镜面操作来进行的。例如，当婴儿能够对声音做出反应时，抚养者就开始叫他的名字。当他将视线转移到抚养者身上时，抚养者给予微笑等肯定的信号，如此不断重复。婴幼儿在生理发育成熟且认知水平恰当时就会将自己的名字与自己对应起来。对个体能力的教育也可以用相似的方法。让婴幼儿从事自己力所能及的事情，体验成功，并在其成功时给予及时的正强化。这样一来，婴幼儿对自己的能力就会形成积极评价，最终建立良好的自我概念。

此时抚养者和照护者教育婴幼儿的主要任务不应该在落实教育内容上，而应该更多地包括以下几点：帮助婴幼儿加深对自己的认识；给予婴幼儿积极的情感体验；提供富有教育意义的环境，帮助其形成自我概念。

（二）教育案例

1. 保教机构中的教育

🐻 案例

主题活动"认识我自己"

（1）主题来源

根据幼儿自我概念的发展特点与在园表现选择了这一主题。

（2）活动目标

知道"我"就是自己，我有自己的名字，我有属于自己的东西，我和别人不一样；

认识自己的五官，熟悉五官的位置并了解五官的基本功能；

知道自己有一双能干的小手，并能用小手做一些力所能及的事；

知道自己有一双小脚丫，会自己走路，不用别人抱。

（3）环境创设、材料投放与家庭资源利用

环境创设：和幼儿一起创设主题墙；布置墙面"可爱的小手"；在展示区展览幼儿用小手、小脚完成的作品。

材料投放：

建构区：投放手工操作材料。

美工区：投放半成品，可供粘贴、填涂、撕折。

益智区：投放需动手操作的材料。

娃娃家：投放镜子。

家庭资源利用：请幼儿和爸爸妈妈玩"五官游戏"；请家长帮幼儿收集各种可进行手工操作的废旧材料；请家长帮忙准备幼儿穿小的衣服、鞋子等生活用品。

（4）活动内容

我的小手；

我的小脚；

漂亮的眼睛；

巧嘴；

…………

漂亮的眼睛

活动目标：

认识自己的眼睛，知道眼睛是用来看东西的。

通过游戏体验眼睛看不见时的烦恼。

活动准备：

物质准备：手持镜子人手一个，眼罩人手一个。

知识准备：幼儿知道五官包括眉、眼、耳、鼻、口。

活动过程：

导入：请小朋友认真观察"老师的哪个地方动了"（老师眨一眨眼睛）。

观察：发放镜子，请小朋友认真观察自己的眼睛，并用自己的语言形容眼睛；然后请两个小朋友共同照镜子，比较两个人的眼睛哪里不一样；最后，请全班小朋友一起找一找班上有没有哪两个小朋友的眼睛是一样的。

游戏：用眼罩蒙住小朋友们的眼睛，然后让他们活动10秒（注意他们的安全）。请小朋友摘下眼罩，并说一说刚刚自己蒙着眼睛时发生了什么。

结束：眼睛很重要，要保护好它们。

活动延伸：

继续进行领域教学"保护眼睛的方法"。

分析与建议：

"我"本身是一个整体概念。在这一基础上，选择主题教学的模式进行课程建构，便于婴幼儿整体认知的形成。有效地利用各种教育资源，便于婴幼儿理解、掌握并巩固所学内容。此外要注重课程的纵向连续性。

2. 家庭中的教育

案例

正确看待吃手行为，塑造婴幼儿健康人格

祺祺从3个月时就开始吃手了，常常专注又愉悦地吮吸着自己的手指，有时甚至把好几根手指都放到嘴里，弄得脸颊上都是口水，吸吮时还会发出"吧唧吧唧"的声音。奶奶觉得吃手不卫生，每次看到祺祺吃手，

都会说："不许吃手，太脏啦。"奶奶边说边把祺祺的手从嘴里抽出来。然后，祺祺就会很委屈地哭起来。奶奶把祺祺的手放下，祺祺就会安静下来，将手放进嘴里，接着吸吮起来。奶奶看了哭笑不得。

婴幼儿吃手的行为很常见。很多家长以脏为理由不让婴幼儿吃手。其实，婴幼儿出生之后有一个口的敏感期（0~1岁），也叫口唇期。这一时期他们通过口来认识自己和世界，积累自己的经验。这样的行为对婴幼儿的发展是有积极影响的。口部需要得到满足，婴幼儿就会觉得自己是快乐的、安全的。如果这一时期婴幼儿的口部需要没有得到满足，就会影响婴幼儿对周围世界的信任，甚至会影响其未来正常的工作和生活。因此，正确面对婴幼儿的吃手行为，满足婴幼儿的口欲，帮助婴幼儿顺利度过口唇期，对婴幼儿的身心健康发展是大有裨益的。

（本案例由德州职业技术学院王文洁提供）

分析与建议：

祺祺处于弗洛伊德所说的口唇期。这一时期婴儿通过口来认识和探索周围世界，进行自我安慰，适应从母体内到母体外的环境变化。婴幼儿吃手有两个作用：第一，婴幼儿吃手是手口协调的第一步，有助于为今后幼儿自己吃饭打下良好的生理基础；第二，婴幼儿吃手还可以加速婴幼儿的自我认知尤其是对自己身体（客体）的认识。

给抚养者的建议：首先，了解婴幼儿的心理发展特点，正确看待和分析婴幼儿成长过程中出现的各种行为表现；其次，不要强硬制止这个年龄段婴幼儿的吃手行为；最后，确认婴幼儿的手和手里的东西是干净卫生的，是安全的。

案例

"姓羊，属王"

宝宝马上就要3岁了。之前宝宝妈妈用了很长的时间，在生活中以随意的形式使宝宝能够准确而迅速地说出自己"姓王，属羊"。今天妈妈要检查一下自己的"教育成果"。

她将宝宝叫到自己身边，问宝宝："宝宝，你姓什么？属什么？"宝宝准确地回答了妈妈的问题。宝宝的大眼睛眨啊眨，像在说："我说的对吧，快表扬我吧！"结果，妈妈突然想跟宝宝逗个乐儿，于是摇了摇头，说："不对，不对，你忘了？你姓羊，属王。"第一次宝宝坚定认为自己没有错，但是当妈妈第二次质疑她时，宝宝犹豫了。到第三次的时候宝宝慎重重复了妈妈说的答案。妈妈问她："你这次记住了吗？"宝宝满脸沉重地点了点头："记住了，我姓羊，属王。"妈妈背过身去，笑得乐不可支！

晚上爸爸下班回家后，妈妈让爸爸来问宝宝这个问题，结果宝宝就把下午妈妈告诉她的答案讲给了爸爸。爸爸看了一眼妈妈，无奈地说"你呀……"宝宝很纳闷，自己又说错了吗？

分析与建议：

宝宝被妈妈弄得不知所措，甚至产生了自我怀疑。而妈妈却觉得这是一件很有意思、很好玩的事情，甚至很有成就感。她迫不及待地向别人（爸爸）展示自己的"教育成果"。

首先，抚养者要纠正儿童观：幼儿不是玩具，而是一个具有主观能动性的独立的个体，有自己的思想和尊严。其次，抚养者作为婴幼儿成长过程中的重要他人，在婴幼儿自我概念的形成与发展中起着重要的作用。抚养者的肯定有助于婴幼儿积极自我概念的形成；反之，抚养者的否定与质疑，会使婴幼儿产生不确定感，进而自我怀疑，然后开始质疑抚养者，觉得抚养者也变得不可信赖，最终影响他们的亲子关系，以及婴幼儿良好的自我概念的形成。

二、自尊的教育

（一）0~3岁婴幼儿自尊的教育

前文提到婴幼儿自尊的萌芽始于3岁左右。我国目前的学校教育体制决定了3岁前婴幼儿的绝大部分教养任务是由家庭承担的，所以0~3岁婴幼儿自尊的教育需要引起抚养者的重视。

抚养者要重视良好亲子关系的建立，同时努力习得权威型家庭教养模式：在生活中理解并尊重婴幼儿的各种情绪体验与感受；用欣赏的眼光看待婴幼儿的各种行为表现；鼓励婴幼儿表达自己的所思、所想、所感，做自己想做、喜欢做的事情；不把婴幼儿同他人进行横向比较，尤其是不在婴幼儿面前进行这种比较；教育、引导婴幼儿学会尊重他人。

（二）教育案例

1. 保教机构中的教育

案例

说谎的小明

小明是个调皮捣蛋的孩子。每当我教育他时，他就会自言自语："妈妈很爱很爱我。"有一次小明尿床了，直到整理他的被褥时我才发现。我用很平常的语气对他说："小明，你尿床了。"他立刻反驳道："没有。"我说："你的裤子都湿了，换换吧。"他说："不用换。"为什么他宁愿穿着湿裤子，也不想承认他尿床了？我带着疑问为他换了裤子，我必须问清楚原因。他可能不想说，但是我得试试。我等了一会儿，觉得他情绪好一点的时候，问他："你为什么不跟老师说你尿床了？"他说："我妈妈说她会给我换裤子。"我说："你穿着湿裤子多难受。"他低下头说："我怕老师说我。"

因为自尊心强，不想得到他人不好的评价，所以小明选择了说谎。他害怕面对错误，同时用言语强调妈妈很爱很爱他，进行自我宽容。

我需要倾注更多的耐心、爱心来帮助小明建立适度的自尊。

分析与建议：

引导婴幼儿树立正确的是非观，但是不剥夺婴幼儿犯错的权利，同时让婴幼儿明白犯错后应勇于承担后果。经过一学期的关注和引导，小明较以往更喜欢挑战新的事物，在犯错误之后能够认识自己的错误，并愿意接受教师的建议。

2. 家庭中的教育

案例

"我不和她玩了"

宝宝是一个活泼漂亮的小姑娘，今年两岁半了。宝宝和贝贝是邻居，贝贝比宝宝大一岁。因为年龄相近，宝宝非常喜欢找贝贝姐姐玩。今年贝贝姐姐上幼儿园后，宝宝好长时间没有和贝贝姐姐一起玩了。好不容易到了周末，贝贝姐姐正好在家。宝宝兴奋地拽着妈妈的衣服，跟妈妈说："妈妈，上去玩，找姐姐玩。"妈妈放下手中的事情，带着宝宝来到了贝贝家。贝贝姐姐高兴地接待了宝宝，并迫不及待地向宝宝展示了自己在幼儿园学到的各项才艺。宝宝还没有接触过这些才艺，所以只是跟着姐姐玩闹了一番。但因为是和喜欢的姐姐一起玩，她还是很高兴。

快乐的时光总是很短暂的，晚饭时间到了，宝宝依依不舍地跟着妈妈回家了。回家后，妈妈却有些不悦地跟宝宝说："你看你，就知道玩，什么都不会。你看姐姐，又会画画，又会跳舞……"本来开心的宝宝一下子垂头丧气了起来。从此以后，她再也不愿意去找贝贝姐姐玩了。每次妈妈问她要不要去找贝贝姐姐时，她还会发脾气："不去！我不去！我就不去！"

分析与建议：

宝宝因为妈妈对自己的批评而感到非常沮丧、伤心甚至愤怒。妈妈在宝宝面前用了横向比较的方法，对宝宝的表现进行了较低评价。她本意是希望通过这样的评价激起宝宝的好胜心，结果却打击了宝宝的自信心，还伤害了宝宝的自尊心。

第一，抚养者用了错误的比较方法。婴幼儿个体差异大，最好的比较方法是纵向比较，如你今天比昨天进步了一些等。

第二，比较对象选取错误。贝贝比宝宝大一岁，且已经进入幼儿园接受教育，不是合适的比较对象。

婴幼儿的自尊非常脆弱，所以抚养者需要接受更多更科学的育儿理念与方法。

案例

"你怎么又尿裤子了"

宝宝1岁时就可以自己去坐便器上小便了。于是，妈妈没再给宝宝穿纸尿裤，结果宝宝每天都会尿湿好几条裤子。一天，妈妈的朋友带着宝宝的小伙伴来宝宝家做客。宝宝因为着急去玩，没有抓好裤子，把裤腰尿湿了。妈妈生气地一边帮她换衣服，一边不停地数落："你怎么又尿裤子了？跟你说过多少次了，尿尿的时候专心点。每天我给你洗裤子都洗不过来了……"宝宝站在一旁，手足无措，一直注视着妈妈，似乎在祈求着妈妈的谅解。

分析与建议：

从案例中我们可以看出抚养者对孩子的发展情况有一定了解。但是，她和很多妈妈一样，忽视了婴幼儿心理的健康护理。1岁以后的幼儿已经开始因为他人的消极评价而产生难过、生气等情绪了。在案例中，在有其他成人和同伴在场的情况下，抚养者的行为对宝宝的自尊造成了严重的冲击。

抚养者可以分两步解决宝宝尿裤子的问题：第一步，根据宝宝的排便情况，总结宝宝尿裤子的原因；第二步，针对原因找到解决方法。此外，抚养者在他人面前批评宝宝的这种行为不可取，要注意保护婴幼儿的自尊心。

三、自我控制的教育

（一）0~3岁婴幼儿自我控制的教育

自我控制不可能一蹴而就，最好的教育方式是持之以恒地练习。对婴幼儿自我控制的教育可以先从婴幼儿感兴趣的、容易的事情开始，因为当他们在某一个擅长或相对容易的领域完成自我控制训练后，其训练效果是可以迁移到其他领域的。

（二）教育案例

1. 保教机构中的教育

案例

娜娜的坐姿

娜娜吃午餐时的坐姿总是让人十分担忧，跷腿，转身体，左右摇摆。老师刚刚提醒娜娜要把小脚放在桌子底下，一转身娜娜又坐不住了。"娜娜，你这样跷腿是会摔疼的！"老师再次告诫道。娜娜看了看老师，将腿放下。一会儿，娜娜又将另一条腿跷在了椅子上。老师走了过去，趁娜娜不注意，用脚踢了一下娜娜的凳脚，用另一只手扶着娜娜，以防娜娜真的摔倒。"哎哟！娜娜，多亏老师救了你，要不你就摔疼了，是吧？"娜娜有点被老师这突如其来的举动吓着了，睁大两只眼睛看着老师。"老师说的没错吧！不坐稳就会摔倒，还好老师抓住了你，要不你就要流血了！"老师接着说。娜娜逐渐恢复了神情，低下头扶起碗认真吃起来……吃完饭，老师表扬了娜娜："因为小脚放稳了，所以不会摔倒，桌子上也干干净净，真像大姐姐！"

幼儿园的孩子难以听从说教。老师抓住孩子的年龄特点，创造了教育时机，让孩子亲身经历、切身感受，提高了教育的有效性。

（资料节选自《捕捉教育时机》，作者：宋庆龄幼儿园李霞）

教育评价与效果：

照护者根据婴幼儿的年龄特点和社会性教育领域的特点，运用了体验式教学的方法，在危险可控的情况下，给予了娜娜自然后果教育。教育效果明显。

2. 家庭中的教育

🐻 **案例**

小帮手和小捣蛋鬼

娟儿和凤儿是姐妹俩，两个人相隔20天都生了宝宝。娟儿的宝宝彬彬比凤儿的宝宝乐乐小，两个孩子都是男孩。宝宝们1岁了。为了让宝宝更多地接触同伴，从小培养感情，凤儿带着孩子来到姐姐娟儿家暂住。这一住，问题就来了。

彬彬是个比较好动的孩子，在家中总是到处走动。他吃饭、睡觉也有问题：吃饭的时候喜欢讲话，看动画片，坐不下来；睡觉的时候总要哭闹一番，难以入睡。妈妈安抚他时，他闹得更加起劲。妈妈做家务的时候，他总是跟在妈妈的屁股后边，使得妈妈不能顺利完成自己的事情，还要时不时地处理他制造出来的混乱。他每次发出请求时都是带着哭腔的，但一滴泪都没有，特别"擅长"装可怜。

而乐乐则十分受娟儿的喜欢，因为他和彬彬完全不一样。乐乐安静而性情平和，吃饭的时候，老老实实地坐在餐桌旁的婴幼儿椅中，一口口吃得又香又干净；睡觉的时候，在妈妈怀里静静地就睡着了。他总是能安静地看着妈妈并听妈妈说话。在妈妈洗漱或做饭的时候，他会自己拿着妈妈给的湿纸巾去擦地，用滚筒粘走床铺上的脏东西。

分析与建议：

随着年龄的增长，两个孩子的特点越发明显了起来。彬彬妈妈很急切地想要知道怎样才能将彬彬培养得和乐乐一样。照护者观看了彬彬妈妈送来的家庭生活视频，并和彬彬妈妈进行了如下沟通。

第一，德国哲学家莱布尼茨说过："世上没有两片完全相同的树叶。"物种是有其多样性的，人也各不相同，所以抚养者不能够强求所有人都一样，要接纳自己的孩子的独特性。

第二，彬彬之所以表现得和乐乐截然不同，一方面受其自身气质类型的影响，另一方面跟妈妈的教养方式有着很大的关系。通过交流和观看视频可以发现，两位妈妈的性格跟两个孩子是十分相似的：娟儿是一个风风火火、停不下来的人，在家里不是整理一下沙发就是擦拭一下桌椅，脾气暴躁，而妹妹却是不温不火的。另外，因为彬彬出生时有比较严重的生理性黄疸，在医院住了一周的时间，妈妈非常心疼彬彬，总感觉自己对不起彬彬，没有把他孕育好，所以出院后舍不得让他哭。每次只要彬彬一哭，她就开始焦躁地安抚，满足彬彬当下所有的需求。

　　针对案例，照护者提出了自己的看法和建议：①彬彬从出生就没有经历过延迟满足，这对他的自我控制能力的形成起到了非常消极的作用。这种情况如果持续下去，会影响其将来的发展和成就。②妈妈应放下自己的心理负担，正视彬彬目前存在的问题，先调整自己的情绪状态。③妈妈应该寻找彬彬感兴趣的事情，让其开始自我控制的训练，然后将训练结果逐一迁移到其他发展领域。④妈妈要做好心理准备，这将是一个长期的过程。

案例

"好心的"妈妈

　　宝宝（1岁半）一个人坐在地毯上，正在专心致志地搭积木。一块，两块，三块……宝宝很快就把积木搭成了塔，欣赏了片刻后又推倒重搭。他享受着将积木搭成高塔时的成就感，也乐此不疲地重复着自己新掌握的这个技能。

　　这时，妈妈突然走了过来，手里拿着宝宝的水瓶，掀开瓶盖，递到宝宝面前说："宝宝，喝水！""再喝一口！""今天喝得太少了啊！""多喝点儿！"宝宝在妈妈的唠叨中满足了妈妈的要求。喝完水后他直接推开妈妈拿水瓶的手，转头继续玩积木去了。妈妈有些生气："宝宝，你忘了什么？"宝宝转过身，双手抱拳给妈妈作揖致谢，然后妈妈满意地摸了摸宝宝的头说："真乖！"而宝宝沉浸在积木的世界中，没有再回应妈妈。

分析与建议：

　　妈妈为了宝宝的身体健康，时刻关注着宝宝的生理需求。这没有什么问题，但是关注的时刻不对，就会对婴幼儿其他方面的发展产生消极影响。从婴幼儿自我控制能力的发展来看，案例中的妈妈破坏了宝宝的专注力，影响了其自我控制能力的形成。

　　很多妈妈在孩子上小学后，都在反映一个问题：孩子做事不够专注，总是3分钟热度。那么孩子是上了小学才出现这个问题的吗？显然不是。只是因为妈妈在小学前更关注婴幼儿的身体健康，忽视了其心理品质的培养。

从婴幼儿时期开始，每当孩子沉浸于自己的兴趣时，有些妈妈在旁不是陪伴，而是不停地干扰和打断他的兴趣，一会儿说"来，喝口水"，一会儿说"先吃口苹果"。这种做法一方面用物诱导婴幼儿从专注物上转移注意力，另一方面也反映了妈妈对婴幼儿的过度保护。这都对婴幼儿自我控制能力的形成产生了消极影响。

总之，成人应尊重婴幼儿独立生活的需求，多一些有爱的教育，少一些单调的照顾。

🔍 学习检测

1. 什么是自我概念？婴幼儿自我概念发展的特点是什么？
2. 简述自尊发展的影响因素。
3. 自我控制的内容有哪些？
4. 影响婴幼儿自我概念形成的因素是什么？
5. 举例说明如何在家庭中对婴幼儿进行自我概念的教育。
6. 思考在保教机构中可以借用哪些途径进行婴幼儿自尊的教育。
7. 婴幼儿自我控制能力的形成需要抚养者自身注意哪些问题？

😊 分享讨论

1. 材料：妈妈带着女儿在小花园玩耍，小女孩玩得非常高兴。旁边的一个奶奶见了，很慈祥地对小女孩说："你笑起来很漂亮，你叫什么名字啊？"小女孩看了一眼，有点害羞地没作声。妈妈见了赶忙笑着回答："叫××，这孩子怕生！"

问题：妈妈是在帮助孩子吗？这种做法对小女孩自我的发展有什么影响？

2. 材料：心理学家鲍迈斯特的女儿与妈妈有过这样一段对话：

女儿（4岁）：我什么都知道。

母亲：不，亲爱的，你不是什么都知道。

女儿：不，我是什么都知道。

母亲：你不知道36的平方根。

女儿（连眼睛都没眨）：所有真的很大的数字，我都保密。

母亲：它不是一个很大的数字，它只是6。

女儿：我早就知道。

问题：请结合自尊的形成与发展来解释这一现象。

3. 材料：随着社会经济的发展，人们对教育的重视程度越来越高。很多家长将自己的精力从工作转向了婴幼儿的教育，并阅读大量有关教育的书籍。赏识教育在这个阶段出现在公众的视野中。于是，在家里，父母有事没事就表扬孩子；保教机构经常发出大量用来奖励婴幼儿的小红花……

问题：结合专业知识，试论述你如何看待这一教育现象。

4. 材料：公园里，刚刚学会走路的小朋友迫不及待地想用自己的双脚跑得更远，一不小心摔倒了。他愣了片刻，然后望着妈妈委屈地哭了起来。妈妈这时走到他身边，看着他说："没事！自己站起来，你可以的！"小朋友在妈妈鼓励的眼神中停止了哭泣，站起来继续玩耍。

问题：你认同妈妈的这种行为吗？试分析其对婴幼儿发展的影响。

实践体验

1. 使用问卷法调查家庭中影响0～3岁婴幼儿自我控制能力形成和发展的因素，并形成调查报告。

2. 使用访谈法了解保育院中2～3岁幼儿自我概念、自尊和自我控制的教育内容与教育形式，并形成访谈报告。

3. 为托班幼儿设计以"我的眼睛"为主题的教育活动方案。

单元四　0~3岁婴幼儿社会行为的发展与教育

🅰 导言

　　豆豆不善与人交往，每次外出都待在妈妈旁边，看着他人游戏而不参与。豆豆1岁4个月时，妈妈买了很多玩具，本想促进其智力发展，但豆豆总是把玩具扔得到处都是。如何理解豆豆的这些行为并给予科学的引导呢？本单元将从两个部分解答这个问题。首先系统讲述0~3岁婴幼儿社会行为发展的相关理论研究成果，其中包括交往行为和亲社会行为的定义、发展与影响因素等，然后基于理论研究成果讲解0~3岁婴幼儿交往行为和亲社会行为的教育。学习者可结合案例理解、掌握相关的教育理念和方法。

🏆 学习目标

1. 了解亲子交往、同伴交往和亲社会行为的概念。

2. 掌握0~3岁婴幼儿亲子交往与同伴交往的发展特点及影响因素。

3. 掌握0~3岁婴幼儿亲社会行为发展的影响因素。

4. 能够运用适当的方法对0~3岁婴幼儿进行社会行为教育。

5. 明确0~3岁婴幼儿社会行为教育中家园合作的重要性。

知识导览

- 单元四 0～3岁婴幼儿社会行为的发展与教育
  - 任务一 0～3岁婴幼儿社会行为的发展
    - 交往行为的发展
    - 亲社会行为的发展
  - 任务二 0～3岁婴幼儿社会行为的教育
    - 交往行为的教育
    - 亲社会行为的教育

任务一　0～3岁婴幼儿社会行为的发展

社会行为是社会性的外在行为表现，是个体在社会生活中与他人和社会进行互动时所表现出来的态度及行为（包括肢体的和语言的）反应。0～3岁婴幼儿社会行为的发展通常表现为交往行为和亲社会行为的发展。

一、交往行为的发展

与他人交往是人与生俱来的一种本能需要。人与人的交往过程中产生了交往行为。在婴幼儿时期，个体主要的交往对象是抚养者、照护者和同伴，所以婴幼儿的交往行为一般是指婴幼儿与抚养者（通常是父母）及同伴之间运用非语言和语言符号进行信息交流和情感沟通的行为。

0～3岁婴幼儿的各种交往在同时进行着。但是，因为其生活范围处在从小到大的发展过程中，所以在不同的月龄段，婴幼儿的交往行为具有不同的发展重点，主要分为两个类型三个阶段。类型一为亲子交往，包含两个阶段，即单纯的社会反应阶段（0～6个月）和建立与抚养者依恋关系的阶段（7～24个月）。两者以6个月左右的婴儿开始产生"认生"现象为分界点。类型二为同伴交往，包含一个阶段，即发展伙伴关系的阶段（24～36个月）。这时伴随着大动作和自我的发展，婴幼儿越来越喜欢和同龄的小伙伴一起玩。

（一）亲子交往

婴儿最初的交往行为出现在与父母的交往中。婴儿以啼哭、微笑、皱眉等行为表明他们与父母交往的需要。父母经常做出呼唤、拥抱、抚摸、微笑等行为，婴儿也会有相应的反应。

1. 亲子交往概述

亲子交往是指婴幼儿与父母之间发生的伴随情感关系的交往过程。由于这种交往主要是在婴幼儿与父母之间进行的，因此人们常常把这种交往产生的关系称为亲子关系。这是婴幼儿时期形成的最初的人际关系，也是最重要的人际关系。从教育学和心理学的角度来看，这种人际关系是不平等的，且父母处于主导地位，所以父母的教育观念和行为对婴幼儿有很大的影响。

婴幼儿在与父母的长期交往过程中产生了一种情感联结，这就是依恋。依恋既是亲子交往的表现形式，又是亲子交往的结果。亲子之间的交往行为有如下表述方式：亲子交往、亲子关系、依恋关系等。

根据现有大量的研究结果，本单元会以依恋为题进行阐释。

良好的依恋关系对婴幼儿后期发展的影响的持续时间目前并没有科学的研究结果，但我们在婴幼儿时期能够很明显地发现：良好的依恋关系能够使婴幼儿拥有安全感，很好地与他人相处，对他人有基本的信任感，敢于探索周围世界等，为个体的社会化奠定基础；良好的依恋关系有助于婴幼儿良好的自我概念、积极的情绪情感和亲社会行为的形成。

2. 0～3岁婴幼儿依恋关系的发展

依恋对婴幼儿整体心理发展具有重大作用。婴幼儿是否同主要抚养者（通常是母亲）形成依恋关系及其依恋性质如何，直接影响着婴幼儿情绪情感、社会行为的形成。依恋不是突然发生的，也不是生而具有的，而是婴幼儿在同母亲长期的相互作用中逐渐建立的，并且同其他心理现象一样是有阶段性和连续性的。

目前人们参考和应用较多的阶段理论是心理学家鲍尔比提出的依恋阶段论，可分为以下四个阶段。

第一阶段：前依恋期——无差别的社会反应阶段（0～3个月）。

婴儿对所有人的反应都是不加区分的、无差别的。他喜欢注视所有人的脸，看到人的脸或听到人的声音都会露出社会性微笑，或咿呀乱语。同时，身边的人抱抱他、对他说话或唱歌给他听，都能使他兴奋，并使他感到愉快、满足。此时的婴儿还未产生感觉偏好，也不偏爱任何人（包括母亲）。

第二阶段：依恋建立期——有差别的社会反应阶段（3～6个月）。

婴儿开始表现出对母亲的偏爱，对熟悉的人和陌生人的反应是不同的。婴儿在母亲面前表现出更多的微笑、身体的趋近。这些反应在其他熟悉的人如其他家庭成员面前则要相对少一些，对陌生人就更少。

第三阶段：依恋明确期——特殊的情感联结阶段（6～24个月）。

婴幼儿此时对他人产生了强烈的区别对待：对母亲表现出了强烈的依恋，越来越离不开母亲。婴幼儿的所有活动都围绕母亲展开。当母亲离开时他们会哭喊，产生分离焦虑。与此同时，婴幼儿对陌生人表现出了谨慎、回避、紧张甚至恐惧，形成了陌生人焦虑。

第四阶段：目标调整的伙伴关系阶段（24个月以后）。

幼儿开始认识并理解母亲的情感、需要与愿望，知道她爱自己，不会抛弃自己。幼儿开始把母亲作为一个交往的伙伴，交往时会考虑母亲的需要，并适当调整自己的目标。这时幼儿与母亲在空间上的紧邻性逐渐变得不那么重要。母亲可以去做其他的事情或者离开一段时间。幼儿会理解，而不多纠缠，甚至可以自己快乐地玩耍，相信母亲肯定会回来。

拓展学习

婴幼儿的感觉偏好

1. 视觉偏好[①]：视觉偏好是指婴儿注视具有某一特点目标的时间明显超过注视其他目标的现象。观察者将婴儿注视每一目标的时间记录下来。如果婴儿注视某一种形状的时间较长，就可以假定婴儿喜欢这种形状。

结果表明：出生不到2天至6个月的婴儿都能够辨别视觉图案。婴儿注视人的脸面、报纸和靶心图的时间比注视无图案的颜色刺激的时间长。

2. 听觉偏好：近年来，大量的生理心理学实验发现，听觉感受器在胎儿6个月时就已基本发育成熟，听觉在7个月时就可以建立。这一研究结果为胎教的实施提供了依据。

3. 味觉偏好：大量实验结果表明新生儿的味觉足够敏锐，尤其是对"甜"的刺激能够给出积极反应。

4. 触觉偏好：胎儿时期的成长环境使得婴儿更喜欢接触质地柔软的物体。此外，其嘴唇和手是触觉最敏感的器官。

5. 嗅觉偏好：新生儿会利用嗅觉偏好来"寻找"食物。

3. 0~3岁婴幼儿依恋关系的影响因素

依恋关系是在父母抚养婴幼儿、婴幼儿接受抚养的过程中形成的一种社会行为关系，所以其影响因素主要是父母和婴幼儿自身。

（1）父母

父母对婴幼儿依恋关系的影响主要是通过教养方式实现的。单元一提到过父母的教养类型一般分为四类：权威型、专制型、忽视型、溺爱型。采用不同类型的教养方式的父母在对待婴幼儿的各种问题时表现出来的情感、态度、行为都不相同。这些表现传递给婴幼儿之后就会使他们产生不同的反馈，从而影响依恋关系。权威型教养方式是目前公认的建立良好依恋关系的较好方式。权威型的父母会在抚养婴幼儿的过程中态度积极、要求明确、情绪稳定并愿意尊重婴幼儿，具体表现为母亲能非常关心婴幼儿所处的状态，注意听取婴幼儿的需求信号，并能正确地理解，进而做出及时、恰当、充满爱抚的反应。这样，婴幼儿就能发展对

---

① 周宗奎：《现代儿童发展心理学》，107页，合肥，安徽人民出版社，1999。

母亲的信任和亲近感，形成安全型依恋。

此外，影响父母教养方式的父母的个性、父母之间的关系、父母的受教育水平等也在间接影响婴幼儿与父母的依恋关系。

婴幼儿会模仿父母的言谈举止，所以父母个性外显的言谈举止影响着婴幼儿的回应方式。如果父母之间关系和睦，婴幼儿就会在生活中感受到良好人际关系带来的正能量。在绝大部分家庭中，相比于父亲而言母亲是婴幼儿最主要的抚养者，而母亲的受教育水平影响着她与婴幼儿的交往方式。研究表明，受教育程度较高的母亲更愿意也有能力采用民主的教育方式与婴幼儿进行沟通，这有利于亲子关系的良性发展。

（2）婴幼儿自身

婴幼儿对依恋关系的影响主要是通过自身的气质实现的。气质是个体生来就有的心理活动的典型而稳定的动力特征，是人格的先天基础。不同的气质类型代表着婴幼儿不同的行为特点，是影响父母教养行为和亲子关系的重要因素。

黏液质的表现：情绪稳定，有耐心，自信心强。

抑郁质的表现：观察细致，非常敏感，但行为孤僻，不太合群，腼腆，多愁善感，行动迟缓，优柔寡断，具有明显的内倾性。

胆汁质的表现：热情，直爽，精力旺盛，但脾气急躁，情绪变化剧烈，易动感情，具有外倾性。

多血质的表现：有朝气，热情，活泼，爱交际，有同情心，思想灵活，但也会变化无常，粗枝大叶，浮躁，缺乏一贯性等。

脾气急躁的婴幼儿容易激起父母的怒火，而不爱交际的婴幼儿容易引起父母的焦虑。怒火与焦虑处理不当就会引发消极的教养措施，消极的教养措施又会加剧婴幼儿气质的典型表现，形成依恋关系的恶性循环。

（二）同伴交往

早期同伴交往是婴幼儿整个社交系统的重要组成部分。随着婴幼儿年龄的增长、认知水平的提高和活动范围的扩大，婴幼儿从家庭中走出来，走向保教机构，走向社区，走向社会。其与同伴交往的时间和机会越来越多，同伴交往在婴幼儿生活中的地位越来越重要。同伴交往能够促进婴幼儿社交技能及策略的获得；促进婴幼儿社交行为向友好、积极的方向发展；促进婴幼儿情绪情感的发展；促进婴幼儿认知能力的发展；促进婴幼儿个性、自我意识的形成与发展等。

1. 同伴交往概述

同伴交往形成同伴关系。同伴关系是指年龄相同或相近的婴幼儿之间或心理发展水平相当的婴幼儿之间在交往过程中建立和发展起来的一种人际关系。

皮亚杰认为同伴交往能够促进婴幼儿的社会交往，而发展婴幼儿的判断能力更需要同伴间的讨论和争论。[①]哈里·沙利文在人际关系的人格理论中阐述了人际关系特别是儿童的同伴关系在个体的人格发展过程中起着重要作用。[②]维果茨基在社会文化历史理论中提到儿童通过交往活动接触社会文化，从而促进其最近发展区的发展。[③]

2. 0~3岁婴幼儿同伴交往的发展

婴儿在生命最初的几个月里，接触最多、关系最亲密的是父母而不是同伴。这样的社交环境对婴儿生存有利但并不意味着婴儿初期没有或不能开展同伴交往。其实，新生儿出生后，就对同类有明显的偏好。婴幼儿很早就开始了和同伴之间的交往。范德尔和穆勒（Vandell & Mueller）关于婴幼儿对同伴兴趣的研究提出以下观点。

（1）单方面的社交——社交的第一步（0~6个月）

2个月以内的婴儿哭时，和他在一起的婴儿也会一起哭，像是一种声援、同情或响应；3~4个月的婴儿能够和同伴互相触摸和观望；5~6个月以后，婴儿更多地把同伴当作物体或会动的玩具来看待，如会抓起对方的手啃咬等。6个月以前的婴儿还不能主动期待从同伴那里得到他想要的反应，能对同伴做出反应，但反应并不具有真正的社会性质。这时的交往行为多是单向发起的，一个婴儿的社交行为往往不能引发另一个婴儿的反应。

（2）简单交往阶段（6~12个月）

6个月以后，婴儿的交往行为有了应答的性质，即一个婴儿的社交行为能成功地引发另一个婴儿的反应。交往行为具有了社会性，但形式简单，不经常发生。8~9个月的婴儿会主动爬向同伴，或跟随在同伴身后，开始协调自己的行为与同伴呼应。婴儿1岁时，更多的社交行为出现，如相互注视或相互模仿。通过互相

---

① ［瑞士］让·皮亚杰：《儿童的道德判断》，傅统先、陆有铨，译，2页，济南，山东教育出版社，1984。

② ［美］哈里·沙利文：《精神病学的人际关系理论》，方红、郭本禹，译，140~141页，北京，中国人民大学出版社，2015。

③ ［苏］维果茨基：《维果茨基教育论著选》，余震球，选译，240~242页，北京，人民教育出版社，1994。

观察、模仿，婴儿之间有了直接的相互接触和影响。

（3）互补性交往阶段（12~36个月）

此时，同伴间的交往趋于互补。幼儿之间相互影响的持续时间更长，交往的回合也越来越多，出现了比较复杂的社交行为，相互间的模仿行为较多。其中，有"躲藏—寻找"之类的积极行为，也会有推搡、抓挠等消极行为。

12~18个月：婴幼儿能主动招呼他人，会和同伴友好地玩，对亲人有十分明显的依恋行为；交往受情绪控制，高兴时乐于与人交往，生气时则拒绝游戏；交往时出现利他行为，会向他人表示关心，会同情和主动安慰小伙伴；仍需借助玩具或其他媒介发起交往活动；喜欢接近同伴，同伴之间容易互相吸引，但也常常由于探索而引起摩擦。

18~24个月：此时幼儿会在一起玩，但互不干扰，各玩各的。熟悉以后，同伴间会相互观察、模仿。例如，一个幼儿站到墙角，另一个幼儿也跟着挤过去；一个幼儿钻到桌子下面坐着，另一个也跑到桌子下面坐着。追追跑跑是这个年龄段幼儿最喜欢的社交活动，同伴交往持续的时间越来越长。

24~36个月：同伴一起进行的活动主要是各自对物体的摆弄和操作。他们是对玩具或其他物体感兴趣，而不是对同伴感兴趣。几个幼儿之所以能够在一起活动，是因为他们对共同活动的对象——某个玩具或活动材料感兴趣。

这个时期的同伴交往最主要的特征是同伴之间的社会性游戏的数量有了明显的增长。埃克曼及其同事（Eckerman，Whatle & Kutz）对10~24个月的婴幼儿所做的同伴社会性游戏发展的研究有力地证实了这一点。埃克曼把研究对象分为10~12个月、16~18个月和22~24个月三组，然后分别让他们同自己的母亲、不熟悉的同伴以及同伴的母亲在一起，看他们究竟喜欢和谁玩、怎样玩。结果表明，后两组幼儿的社会性游戏明显多于单独游戏。他们更喜欢与同伴玩，与同伴游戏的数量明显多于母亲，且没有一个幼儿愿意与陌生人玩游戏。同时，从中也可以看出，16~18个月是幼儿交往能力发展的转折点。此后，幼儿的社会性游戏迅速增多。2岁左右时，幼儿的社会性游戏在数量上绝对超过独自游戏，其社交对象更倾向于同伴，与母亲的交往出现明显减少的趋势。

3. 0~3岁婴幼儿同伴交往的影响因素

0~3岁婴幼儿的同伴交往多是在抚养者、照护者及其他成人的关注下进行的，同伴之间的交往往往借助游戏或材料进行，所以其影响因素主要包括以下两个方面。

（1）人的因素

3岁前进入保教机构的婴幼儿，对照护者有着很强的依赖性，因此照护者在婴幼儿的同伴交往中也起着重要作用。如果照护者未能与婴幼儿建立起亲密、协调的关系，就会导致婴幼儿产生不安全感与心理压力，进而形成孤僻、冷漠、不合群等特征。照护者夸奖某个婴幼儿时，其他婴幼儿就会模仿他。如果照护者经常表扬某个婴幼儿，他就会成为同伴中很受欢迎的人。婴幼儿自身的生理特征（如性别、年龄、外貌等）和心理特征（如气质、能力、性格等），一方面制约着同伴对他们的态度和接纳程度，另一方面也决定着他们自身在交往中的行为方式。熟悉性是同伴交往的特点之一。婴幼儿更喜欢与自己熟悉的同伴一起玩耍，一起分享食物和玩具。

（2）物的因素

物的因素主要指的是活动材料和活动性质。

活动材料特别是玩具，是同伴交往中一个不可忽视的影响因素。0～3岁婴幼儿的交往大多围绕玩具发生。玩具对同伴交往的影响还体现在玩具的不同数量和特征能引起同伴之间不同的交往行为上。研究发现，如果活动空间过小或者没有足够数量的玩具，同伴之间的争抢、攻击等消极行为就会更容易发生。

活动性质也影响着婴幼儿的同伴交往。自由游戏中，不同社交类型的婴幼儿表现出交往行为上的巨大差异。而在有一定要求的游戏中，如在表演游戏中，即使是不受同伴欢迎的婴幼儿，也能与同伴进行一定的协作。活动本身对婴幼儿的行为起到了制约的作用。

（3）认知水平

认知水平主要指的是婴幼儿的社交技能与策略水平。

在婴幼儿的同伴交往过程中，当他们能够掌握并运用一些有效的社交技能与策略时，他们的行为就能更好地被其同伴认可和接纳，最终使他们与同伴融洽相处。0～3岁婴幼儿的社交技能与策略来自亲子交往经验和保教机构中的教师。

在亲子交往中，首先，父母应向婴幼儿传递一些正确的社交技能与策略。其次，父母对待婴幼儿的行为方式会在潜移默化中被婴幼儿迁移到自己的同伴交往中。最后，父母对婴幼儿某些行为产生的反应增加了婴幼儿在今后与他人交往时出现该行为的概率。

对于照护者而言，首先，照护者应重视向婴幼儿传递正确的同伴交往技能和策略。其次，照护者应起到良好的教学示范作用，供婴幼儿模仿学习。最后，照护者应给予婴幼儿充分的进行同伴交往的时间。

两者对婴幼儿时期社交技能与策略的发展起着重要作用。

二、亲社会行为的发展

社会行为从不同的角度可以划分成多种类型。以社会行为的动机和产生结果为依据，社会行为分为亲社会行为和反社会行为。婴幼儿教育的目的是促进其亲社会行为的形成与发展。

（一）亲社会行为概述

亲社会行为是指人们在社会交往过程中表现出的分享、安慰、谦让、帮助等有利于他人和社会的行为及倾向。亲社会行为又称积极的社会行为、亲善行为或向社会行为。

关于婴幼儿亲社会行为的产生，不同理论给出了不同的观点。社会生物学理论认为，人类机体存在利他基因，这有利于人类群体共同生存与发展。社会学习理论认为，在婴幼儿的成长过程中，亲社会行为的产生是学习的结果。在学习过程中，婴幼儿观察、模仿父母或他人的亲社会行为，并在将其融入自己的行为习惯时受到强化，具有习得性。认知发展理论认为，婴幼儿根据对自己和他人的理解，对社会情境进行认知和加工，形成亲社会行为产生的基础。

本书综合上述理论观点得出这样的结论：婴幼儿亲社会行为是先天与后天相结合、个体与环境相互影响的结果。婴幼儿亲社会行为并非习得后的简单复制，而具有能动性和创造性。

对亲社会行为的结果，不同理论也有各种不同的看法。例如，行为主义认为，亲社会行为有助于人们获得来自社会的、他人的和自我的奖励，而且能够帮助人们避免来自社会的、他人的和自我的惩罚。社会规范理论认为，亲社会行为有助于培养社会责任感，"天下兴亡，匹夫有责"。社会交换理论认为，亲社会行为有助于互惠互利。互惠的本质就是相互给予利益。互惠可以分为两种：一种是双方或多方通过合作而同时获得利益，即同时互惠；另一种是一方先从对方那里获得好处，然后再回报对方，或者是一方在付出时就已经得到了好处，即继时互惠。

（二）0～3岁婴幼儿亲社会行为的发展

0～3岁婴幼儿亲社会行为的发展还处于萌芽状态。此时婴幼儿能够感受到他人的情绪情感并产生共情或相应行为，但这只是婴幼儿亲社会行为产生的心理基础，并不是真正的亲社会行为。

1. 能够辨别他人不同的情绪情感

出生不到 2 天的婴儿就能做到共情，会因抚养者的情绪调整自己的情绪或行为；3 个月的婴儿就能对友善与不友善做出不同的反应；六七个月的婴儿能分辨不同的微笑与愤怒的面孔。

2. 能够在辨别他人不同的情绪情感时做出外显反应

婴儿 12 个月之前就学习通过指点来与他人"分享"有趣的信号和物体。大多数较大的婴儿在面对他人哭泣或者处于痛苦中时，会通过轻轻拍对方、拥抱对方、给对方玩具、分享他感兴趣的活动或者用其他迂回的方式设法安慰别人。

18 个月以后，幼儿不仅能主动接近有困难的人，而且能够提供特定的帮助，并开始借助语言来表达他们的关系。例如，能帮助抚养者做家务，在游戏中合作，对他人所表现的情感做出反应。此时的分享行为具有人际交往的功能，旨在引起或维持与成人或同伴的社会交往。一半左右的幼儿能偶然性地解决合作问题。

24～36 个月的幼儿已经能够感受他人的悲伤，对他人受到的伤害表现出同情、支持和安慰，出现打抱不平的行为，也能更好地关心和帮助他人。大多数 24～36 个月的幼儿能重复性地解决问题。

综上，0～3 岁婴幼儿最主要的亲社会行为是安慰行为和助人行为。安慰行为在自然情境下出现在婴儿出生的第二年，同时随着年龄的增长，其质量和数量都呈现上升的趋势，且女孩的安慰行为比男孩更明显；2 岁前出现了源于移情、工具性的助人行为，而利他式助人还没有出现。

（三）0～3 岁婴幼儿亲社会行为产生和发展的影响因素

亲社会行为是个体心理的一种外显行为，所以在分析影响 0～3 岁婴幼儿亲社会行为产生和发展的因素时，主要以个体为对象进行研究，将其分为个体内在因素和个体外部因素。

1. 个体内在因素

首先，模仿作为婴幼儿最主要的学习方式，为婴幼儿亲社会行为的习得提供了可能。婴幼儿通过有意无意的模仿，习得身边人的一举一动。

其次，婴幼儿的认知水平决定其习得内容是不加筛选的，或由成人介入，或由他人的反应做出判断。他们没有或者缺乏明辨是非的能力。

最后，移情能力。当一个人能够站在别人的角度设身处地为他人考虑问题时，他就更容易产生亲社会行为。

2. 个体外部因素

（1）家庭

家庭对婴幼儿亲社会行为的影响主要表现在两个方面：第一，父母的榜样示范作用。在家庭生活中，抚养者之间的行为和抚养者对待他人的行为都是婴幼儿观察、模仿的对象。第二，家庭教养方式。父母的直接教育和对婴幼儿亲社会行为的强化在亲社会行为的产生和发展中起着重要作用。比如，当妈妈看到宝宝正在用勺子搅拌果汁时，可以问："宝宝，这是给谁准备的果汁呀？"宝宝可能就会顺着家长的引导去考虑他人的需要。又比如，宝宝喜欢往地上扔东西，当宝宝被其他人的噪声吵到时，就可以启发他想一想，在他扔东西的时候是不是也会影响别人。

（2）同伴

同龄人在同伴关系中通过模仿和强化两个步骤在婴幼儿亲社会行为产生和发展的过程中起到了重要作用。同伴年龄越大，影响越大。

（3）照护者

照护者对婴幼儿亲社会行为的影响与家庭类似，主要表现在两个方面：第一，照护者的榜样示范作用。在保教机构中，照护者的言行举止成为婴幼儿观察、模仿的对象。第二，教育行为。照护者的直接教育和对婴幼儿亲社会行为的评价都影响着婴幼儿亲社会行为的发展。

（4）社会文化与大众传媒

如果说父母、照护者和同伴对婴幼儿的亲社会行为产生着直接影响，那么社会文化则通过作用于家长与照护者，间接影响着婴幼儿的亲社会行为。社会生态学理论清楚地向我们展示了个体生活在一个由微环境、小环境、中环境和大环境组成的社会中。环境中的任何一个因素都对个体的发展产生着直接或间接、积极或消极的影响。其中影响范围最广泛的就是社会文化。文化由个体创造，然后泛化，之后就会反过来影响其他个体。如果社会文化倾向于友善、包容，那么婴幼儿在这样的文化传统中发展的亲社会行为就会被接纳。该行为一旦被接纳，就意味着强化了婴幼儿的这种行为，反复出现就会固化成婴幼儿的常规行为。

同时，大众传媒作为社会文化的传播工具，通过传播内容影响婴幼儿亲社会行为的发展。当今社会，互联网已经成为我们生活中的必需品。而婴幼儿观察—学习—模仿的行动程序被启动后，婴幼儿的行为学习结果直接取决于节目中的"榜样"。

任务二   0～3岁婴幼儿社会行为的教育

0～3岁婴幼儿社会行为的教育，首先要考虑社会行为的学习特点。婴幼儿的社会行为学习主要靠观察、模仿，而模仿对象是婴幼儿接触到的所有他人，尤其是抚养者和照护者。婴幼儿可以直接模仿行为，也可以按照成人的言语要求进行模仿。行为经过一定的强化后形成婴幼儿的一般交往水平。

一、交往行为的教育

亲子交往与同伴交往都是婴幼儿在探索周围世界时与周围人所进行的交往。交往行为的教育首先要有行为的发生，而行为的发生以婴幼儿对周围环境的探索为前提，所以为婴幼儿创设一个能够激发其探索兴趣与欲望的环境在交往行为的教育中至关重要。

（一）亲子交往的教育

亲子交往发生在婴幼儿与家庭成员之间，家庭是主要的行为场所，所以亲子交往的教育主要关注家庭环境（主要是精神环境）、家庭成员（主要是依恋对象）和家庭教养方式。

1. 0～3岁婴幼儿亲子交往的教育

（1）营造积极稳定的家庭环境——环境育儿

宽松、接纳、民主、和谐的家庭环境有助于提升婴幼儿的归属感，使其获得较好的依恋经验，形成良好的亲子关系。

（2）提高养育质量——方法育儿

确定并保持固定的依恋对象。依恋关系的产生需要一个过程，而一个或几个特定的抚养者持续照顾婴幼儿有助于其建立稳定和安全的依恋关系。

正确理解并及时满足婴幼儿的各种需求。在正确识别婴幼儿发出的需求信号后，抚养者要给予积极回应，并准确地满足他们合理的身心需要，如拥抱、谈话、逗弄等，让其拥有愉快的心理体验，这有助于婴幼儿产生对抚养者的信任与依赖。但是，积极回应不等于立即满足，可以适时地延迟满足。延迟满足不需要刻意安排，在家庭生活中可随时进行。例如，婴幼儿需要哺乳，而母亲刚刚进门，需要简单收拾一下，这时其他家庭成员可以用玩具、童谣等逗引一番以便母亲做好准备。短暂的等待并不损害婴幼儿的健康，还会对他的心理健康、交往潜能甚至智力发育产生积极的作用。

树立科学的育儿观念，掌握科学的育儿方法，形成权威型的教养方式。

（3）修身在前，严慈有度——态度育儿

父母的素质与生活态度在潜移默化中影响着婴幼儿的依恋程度。有时我们会听到一些妈妈感慨：不是孩子需要我，而是我离不开孩子。很多妈妈在养育孩子的过程中将自我缩小到了可忽略不计的地步，全身心地投入"育儿大业"。这种做法不一定有利于婴幼儿的健康成长，可能还会使亲子关系失去平衡，给孩子的发展带来负面影响。

保教机构中同样也有类似的教育要素需要注意：适宜的环境、科学的观念与方法。

拓展学习

延迟满足实验

延迟满足，即愿意为更有价值的长远结果而放弃当下即时满足的一种选择。扫描二维码阅读文本，了解延迟满足实验的相关信息。

2. 教育案例

（1）保教机构中的教育

案例

不爱说、不爱笑的萱萱

萱萱（化名）2岁就来到了保育院，一直是个内向的女孩子，不爱和老师交流。就连游戏中回答老师的问题时，她也是瞪着大眼睛看着老师不说话。我以为她在老师面前不好意思，私下会和其他小朋友有所交流，所以我总是留心观察她的一举一动。可事实令我失望了！她和其他小朋友也没有什么交流，甚至在和他人发生争执的时候，对他人充满了敌意。为此，她的家长也很着急，多次和我沟通："老师，您让她多说说话，多给她一些机会。"

（本案例由天津市河西保育院王会琴提供）

分析与建议：

经了解，萱萱一直由妈妈一个人照顾着。她的妈妈比较内向，不爱说话，平时很少带萱萱外出，没有让萱萱多接触人与物，致使萱萱缺少与他人交流的机会。爸爸平时工作比较繁忙，很少照顾萱萱。以上情况可能造成萱萱缺乏自信，性格上比较胆小、内向。

首先，家长应积极配合照护者的工作，建立亲密和谐的亲子关系。家长要多和幼儿交流，让幼儿多讲讲自己一天在幼儿园的生活或她感兴趣的话题，让幼儿感受家庭的温暖与父母的关心，在良好的家庭氛围中建立信任感，增强自信心。家长应多带幼儿外出游玩，让幼儿开阔视野，学着与他人交往，以形成活泼开朗的性格。

其次，照护者应做到家园共育，及时与家长沟通幼儿的情况，根据幼儿的不同情况制定不同的策略。班内环境创设应给幼儿温馨的感觉，引导性格外向的幼儿主动与萱萱交往，带动其语言表达能力的发展。照护者应多表扬、多鼓励，多发现她的优点，给她展示自己的机会，让她感受到成功的快乐。照护者可以交给她一些简单的任务，让她感到照护者和同伴对她的喜爱。经过一学期的努力，萱萱能主动和照护者打招呼了，而且愿意和同伴交往了。

（2）家庭中的教育

案例

"妈妈很快就回来"

宝宝6个月了，一直都是由妈妈带着的。但是妈妈的产假快结束了，所以在恢复工作之前的一周，妈妈把姥姥请到了自己家，拜托姥姥以后帮忙照顾宝宝。同时，妈妈每天都会跟宝宝进行几次这样的交流：

"宝宝，妈妈下周就要上班了，白天就不能在家陪着你了。"妈妈说着还会把姥姥请到跟前，指着姥姥对宝宝说："以后姥姥会陪着你。"

上班的日子到了。早上，妈妈收拾好后，亲了亲宝宝的小脸蛋，又紧紧地拥抱了他一下，对宝宝说："乖乖的，妈妈很快就回来。"

宝宝淡定地看着妈妈走出了家门，没有哭闹，但是，过了一会儿，就开始频频朝着门口的方向看。几次后，宝宝发现妈妈没有从门后边出来，委屈地哭了起来。姥姥赶紧用奶嘴对他进行安抚。后来宝宝情绪彻底爆发了，直到哭着睡着了。

从第二天开始，妈妈出门变得不太容易了。宝宝一看到妈妈穿衣服就开始表现出紧张的情绪，眼睛会追随着妈妈，到妈妈说要走的时候就开始大哭。妈妈依然用亲吻、拥抱、语言"乖乖的，妈妈很快就回来"来尝试安抚宝宝，但是，每次都不得不强硬地离开。

分析与建议：

宝宝此时处于依恋明确期——特殊的情感联结阶段，对妈妈表现出了强烈的依恋，越来越离不开妈妈。因为妈妈之前独自带他，他习惯了在家里偶尔看不到妈妈的情况，因为他相信妈妈很快会出现。但是这次"很快"变得跟之前不一样了。他不能接受这种情况，每日的"很快就回来"也让他开始产生了对妈妈的不信任感。

妈妈具有一定的育儿知识，在自己离开宝宝之前，将宝宝今后的另一个依恋对象——姥姥请过来，在自己在场的情况下，让姥姥和宝宝有一个熟悉的过程，上班前给予宝宝亲吻和拥抱的安抚。

首先，姥姥来的时间太短。条件允许的话，最好在一开始抚养宝宝时，姥姥（或者是其他有时间的共同抚养者）就参与其中。其次，妈妈从宝宝3个月时就要开始让宝宝进行"分离"的渐进式锻炼和适应，离开时间由短到长。最后，妈妈不要在上班前给予"很快就回来"的安抚，因为这种安抚是妈妈不能做到的，同时，这对宝宝时间概念的建立也会有消极影响。

🐻 案例

"你不好，我也不好"

一对夫妻结婚很长时间了，他们很期待拥有自己的宝宝。终于，宝宝出生了，夫妻二人的喜悦之情溢于言表。

但是"烦恼"很快就降临了：宝宝饿了哭，吃饱了还哭；尿了哭，换洗后还哭；困了哭，睡觉也哭……每天还有很多不知原因的哭闹，前一秒还在愉快玩耍，后一秒就会扯着嗓子哭。

另外，宝宝精力非常旺盛，早上五六点就醒了，晚上10点还不入睡。白天的睡眠时长也是每次半小时左右。

爸爸和妈妈向很多"前辈"和专业人员咨询育儿经验及知识。最初，他们有爱心和耐心，尝试用各种办法去安抚哭闹的宝宝，但是最终发现了一个很难接受的事实：只要不是宝宝自己愿意停止哭闹，安抚、转移注意都不能产生作用。宝宝的表现使得父母的脾气日益暴躁，但父母却想不出更好的办法。

分析与建议：

从案例中情况来看，宝宝可能属于困难型的孩子。他精力旺盛又脾气急躁。

妈妈和爸爸做了一定的育儿准备工作，但很明显，他们的准备还不够充分。两个人每天期待的都是一个乖巧、懂事、可爱的孩子。心理准备不足，预案过少，加上育儿生活的琐碎与精力的限制，很快形成了这个家庭独有的教育方式：父母对宝宝有要求，但是要求遇到哭闹总会让路。

首先，从内心真正接纳宝宝的气质特征。其次，进行自我反思，思考宝宝的表现是否来自自己的遗传和"榜样"示范。再次，对宝宝的日常生活进行规划，提出基本的要求，如吃饭时不能打开电视，不能咬人等。还要想好宝宝不能执行要求时的恰当的惩罚措施，但严禁体罚和变相体罚。最后，执行自己对宝宝提出的合理要求，在宝宝不能执行时实施惩罚措施。

希望每一个抚养者都能谨记，爱要有方法，也要有原则，一味心软或放纵都不可取。将孩子生下来，养育、教育他们就是父母一生的责任。

（二）同伴交往的教育

同伴交往的前提是婴幼儿有与同伴交往的机会，并掌握一定的交往方式与方法，所以婴幼儿同伴交往的教育要注重创造交往环境与教授交往技能。

1. 0～3岁婴幼儿同伴交往的教育

（1）家庭方面

第一，改变教养态度和方法，建立良好的家庭人际关系。抚养者先从转变观念开始，不要过分保护与溺爱孩子，带他们多出去走走，让他们接触外面的世界，让他们有与同伴一起玩耍的机会；教会婴幼儿安慰、分享、助人与化解矛盾的正确方法，引导其在生活中进行大胆的尝试与体验；发挥榜样示范的作用，为婴幼儿营造良好的家庭氛围，不在他们面前争吵；大力支持保教机构良好的教育，与保教机构形成合力，做到家园一致。

第二，及时肯定婴幼儿良好的同伴交往行为。当婴幼儿表现出具有分享和合作性的社会行为和交往技能时，抚养者要及时给予正强化，如拥抱、鼓励和抚触等，从而达到巩固该行为的目的。

（2）保教机构方面

第一，教导婴幼儿掌握一定的交往技能，与同伴和谐相处。婴幼儿的认知水平有限，受家庭教育与个体生活经验的影响，个体差异比较大。为此，照护者应该多教婴幼儿一些同伴交往的技能和策略，如别人难过时可以拥抱他等。

第二，营造良好的同伴交往环境。在宽松、接纳、安全的心理环境中，婴幼儿同伴交往的机会会增加，而同伴交往的实践可以有效锻炼婴幼儿的交往能力。为此可以多提供一些物质支持，尤其是玩具的投放。玩具是婴幼儿时期同伴交往的重要媒介，一方面可以增加同伴交往的机会，另一方面可以促进更多合作行为的产生。

第三，争取家庭的配合，重视家园共育。照护者要高度重视家园联系，积极通过各种方式就婴幼儿同伴交往的重要性进行宣传，并通过多种渠道将教育观念与方法传递给抚养者，鼓励抚养者多与照护者交流，从而实现家园一致，提升婴幼儿的同伴交往能力。

2. 教育案例

（1）保教机构中的教育

案例

观察记录

今天我组织了社会性教育活动"大家一起玩"，借助"好玩的彩泥"这一活动引导小朋友学会交往。活动开始后，我出示用彩泥捏出的红色的苹果、黄色的香蕉，激发孩子的活动兴趣。然后分发材料，告诉小朋友老师这里有红、黄两种颜色的彩泥，但是每人只有两块同一种颜色的彩泥，如果需要别的颜色的彩泥就要和同桌的小朋友交换。（这样的设计就是为了给孩子提供同伴交往的机会。）

孩子们在引导下与小朋友进行交换，这时我听到琳琳大哭了起来，原来是果果把她的彩泥抢走了。我便问果果："你为什么抢琳琳的彩泥？""我要（捏）红的大苹果。"果果说。

（本案例由天津市河西保育院刘金艳、刘玥提供）

教育评价与效果：

面对果果的行为，照护者先以同伴示范的方法引导他学会交往，让他看看其他幼儿是怎样交换的，接着让他把琳琳的彩泥还给琳琳，并引导他向琳琳说对不起。琳琳看到果果把彩泥还给她了就不哭了。照护者便引导果果："刚才你看到其他人是怎样交换彩泥的？你也试试。"果果："琳琳，我给你一块黄色的好吗？"琳琳："好，那我给你一块红色的。"幼儿自我意识强，需要照护者循序渐进地引导，多创设条件教他们与同伴正确交往，进而使他们懂得合作与分享。

（2）家庭中的教育

案例

玩具引发的冲突

宝宝12个月了，贝贝12.5个月了。宝宝性格外向，每天都精力旺盛，一起床就开始到处走来走去，很少看到他稳稳当当地坐在某处；贝贝相对情绪比较稳定，走路、做事都有条不紊，可以一个人安静地坐在妈妈身边"发呆"或玩耍。

两个孩子在一起时经常出现这样的场景：场景一，贝贝会看着宝宝开心地玩各种玩具，但只是看着。妈妈问他要不要也去玩，他的回答都是否定的；场景二，宝宝看见贝贝在玩一个东西，会从"很远"的地方跑过去，伸手拿走贝贝正在玩的玩具。贝贝挣扎一下后，玩具就被宝宝抢过去了。贝贝注视一会儿后就会重新选择玩具和活动。宝宝玩不了一会儿就会将玩具丢下，又去做别的事情了。

每次宝宝妈妈和贝贝妈妈都会生气。宝宝妈妈会因为宝宝总是抢贝贝的玩具而对他进行教育："你怎么总是抢别人的玩具？你不是有自己的玩具吗？你就不能和哥哥一起玩吗？"而贝贝妈妈生气则是因为觉得贝贝受了委屈，她会安抚贝贝："弟弟抢我们玩具了！下次你也去抢他的！"

分析与建议：

12～18个月的幼儿喜欢接近同伴，同伴之间容易互相吸引，但也常常由于探索而发生摩擦。宝宝表现出了明显的同伴交往需求，并且他还付诸行动了，但是方法出现了问题。而贝贝此时的同伴交往需求不强烈，但是对同伴表现出了接纳的态度：他并没有因为玩具被抢而哭闹和生气。

首先，两位妈妈要明白争抢他人的玩具确实是一种不当行为。

其次，两位妈妈应掌握一定的育儿知识：了解该年龄段幼儿的同伴交往需求；坚持正面教育，不要人为强化两个幼儿有关"抢"的概念和意识。

最后，观察、分析自己孩子的性格特征，有针对性地进行教育。例如，宝宝妈妈要注意示范并传授一些正确的交往技能。贝贝妈妈则需要多带贝贝走出家庭，到同龄人多的场所去游戏。这样既能满足妈妈的教育期望，又能用其他同伴激发贝贝进行交往的兴趣。

🐻 案例

"我这也是洒水车！"

宝宝 28 个月了，贝贝 28.5 个月了。宝宝和贝贝对街上的洒水车特别感兴趣，每次听到洒水车的声音，都会兴奋地手舞足蹈，并指挥自己的爸爸妈妈带他们去看洒水车……两个人的家中有大大小小的玩具洒水车。

一天，贝贝到宝宝家做客。两个人的妈妈将他们放在客厅，就开始自顾自地聊了起来。宝宝和贝贝每人拿着一辆玩具洒水车在地上开来开去，各自玩得都很愉快。一会儿宝宝突然停了下来，然后朝着洗手间跑去。不一会儿，只见他拿着一截水管出来了。妈妈看到没有什么危险，就没有制止。

宝宝用手将水管接到了玩具洒水车上，开始想象着车里有水，水管可以将水放出来。这时贝贝的注意力被吸引了过来。他觉得宝宝的创意真是太棒了，上前就要从宝宝那里将水管拽过来。但是宝宝不干，两个人你争我夺，终于引起了两位妈妈的注意。

宝宝妈妈上前制止了两个人的行为，教育宝宝说："你可以给贝贝玩一会儿呀！"贝贝妈妈教育贝贝："你怎么可以和宝宝抢玩具呢？你玩别的不行吗？""要是再这样，两个人都不要玩了。"最后两个孩子都被说哭了，妈妈们还觉得他们不懂事。

分析与建议：

这个月龄段的婴幼儿和同伴一起进行的活动，主要是各自对物体的摆弄和操作。他们是对玩具或其他物体感兴趣，而不是对同伴感兴趣。宝宝和贝贝之所以能够在一起活动，是因为他们对共同活动的对象——洒水车感兴趣。当他们喜欢的玩具有且仅有一个时，同伴之间的实质交往就发生了。

但是妈妈们的关注点却在争抢这件事上，错过了对婴幼儿进行同伴交往技能教育的时机。

首先，妈妈们要知道活动材料特别是玩具，是同伴交往中一个不可忽视的影响因素。0～3岁婴幼儿的交往大多围绕玩具发生。妈妈们应明确玩具在同伴交往中的重要性。

其次，在面对由玩具数量不够而引发的同伴之间的争抢等行为时，教育者重要的不是制止争抢行为，而是了解争抢行为发生的原因，然后进行有的放矢的指导。例如，在分享教育中，可以借机教育婴幼儿分享，想办法使两个人一起玩耍变得更有意思，引导婴幼儿形成积极的同伴关系。

二、亲社会行为的教育

0～3岁婴幼儿主要的亲社会行为有安慰、帮助他人、分享与合作。

（一）0～3岁婴幼儿亲社会行为的教育

亲社会行为的教育与培养是保教机构中保教工作的重要组成部分。同认知教育相比，社会性教育更具有贴近生活的特点。

1. 社会环境的熏陶与同化——优化家、园和社区的环境

首先，创设丰富多样的物质环境。在外在环境的创设上，教师和家长应根据婴幼儿的年龄特点、兴趣爱好设立开放、自主的活动空间。丰富的物质环境能充分支持婴幼儿的自由自主的活动，也可以避免婴幼儿在活动过程中相互争执，这对于喜欢模仿同伴的婴幼儿来说显得尤为重要。

其次，创设宽松、接纳的精神环境。精神环境在这里具体指的是和谐的人际氛围，它比外在的物质环境对婴幼儿社会行为发展的影响更深刻和持久。教师应与婴幼儿建立平等、民主的师幼关系。家长应与婴幼儿建立良好的亲子关系，引导婴幼儿之间建立良好的同伴关系。教师和家长还应充分挖掘和利用社区资源，让婴幼儿感受邻里间的和睦、社区的精神文明、家乡的文化等，激发婴幼儿爱家乡、爱社会的情感，建立和谐的群我关系。总之，全社会要共同努力，共建良好的社会风气。

2. 亲社会行为的教育与培养——移情、榜样、游戏

日常生活中，有许多值得挖掘的具有社会性教育价值的素材。它们贴近婴幼儿生活，能使婴幼儿与实际生活相联系。所以亲社会的教育需要教师在各个生活环节中，将与某种生活内容或生活方式相应的社会性发展目标融进去。同时，教

师对婴幼儿亲社会行为的高度关注，能使他们的亲社会行为在一定程度上互相影响，在班级里形成积极、良性的循环，促进婴幼儿亲社会行为的形成。

利用移情培养婴幼儿的亲社会行为。移情是婴幼儿亲社会行为产生、形成和发展的重要驱动力，是一种旨在提高婴幼儿体察他人情绪、理解他人情感的能力从而与之产生共鸣的训练方法。这种方法主要培养婴幼儿理解和认识他人的情绪情感的能力，引起婴幼儿情感上的共鸣，有利于婴幼儿自发产生亲社会行为。教师应通过各种活动为婴幼儿提供移情线索和情感信息，使他们能站在他人的立场上考虑问题，感受他人的愿望，理解他人的处境，从而产生积极的内心体验和亲社会行为。

利用榜样培养婴幼儿的亲社会行为。婴幼儿亲社会行为的形成主要是通过观察性的学习和模仿实现的，所以榜样是很重要的。教师和家长应以身作则，注意自身的榜样作用，以自己的言行举止熏陶婴幼儿。教师和家长可以在婴幼儿面前经常表示对长辈的关爱，对有困难的人提供尽可能的帮助等。成人的榜样行为对婴幼儿的激励作用远大于言语指导的刺激。在榜样的作用下，婴幼儿很容易产生亲社会行为。当婴幼儿表现出利他行为后，要及时强化，使婴幼儿获得积极反馈，从而加强和维持自己的行为，逐步将行为内化为自身的意识，从而有效促进其亲社会行为的发展和巩固。

利用游戏培养婴幼儿的亲社会行为。游戏是婴幼儿喜爱的一种活动，可以促进婴幼儿社会能力的发展。尤其是角色扮演游戏，在提升婴幼儿移情能力的同时，更能有效培养婴幼儿的亲社会行为。婴幼儿在游戏中需要相互适应，服从共同的行为规则，从而逐渐学会与别人交往的正确方式。游戏为婴幼儿发展提供了必要的机会。婴幼儿在游戏中的行为表现有助于我们了解其社会性发展水平。

3. 不适当行为的预防与干预

在婴幼儿的成长过程中，他们可能会因为无法正确处理一些问题而产生不适当的社会行为，如因不良情绪的积累而出现攻击性行为。所以预防和干预不适当的行为与培养亲社会行为同样重要，具体内容见本书单元五。

（二）教育案例

1. 保教机构中的教育

案例

集体教育活动：小鸟受伤了

活动目标：

1. 通过倾听故事，理解小鸟受伤后的情绪。

2. 能够在教师的启发下，想出帮助小鸟的方法。

活动准备：

1. 物质准备：模型（翅膀受伤的小鸟）、创可贴。

2. 知识与经验准备：知道益鸟是人类的好朋友，掌握手指操"一根手指点点"的常规要求。

活动过程：

1. 导入：

做手指操"一根手指点点"，集中幼儿注意力。

2. 展开：

（1）创设情境："今天，我们人类的好朋友——小鸟咪咪，知道这里有一群特别可爱的小朋友，所以它从很远的地方飞过来，想和大家一起玩！我们用掌声欢迎咪咪来到我们班！"（小朋友们期待着咪咪的出现。）

（2）咪咪从教师身后"飞"了出来。教师惊讶地发现"咪咪的翅膀流血了"，心疼地问："咪咪，疼不疼啊？"（有的小朋友抢着说："肯定很疼，它都流血了"。其他人跟着附和。）

（3）咪咪说："嗯，我现在好疼啊！我翅膀受伤了，不能和你们一起玩了。""呜呜……"咪咪伤心地哭了（助教表演）。老师苦恼地问大家："我们可以怎样帮助咪咪呢？"

（4）请小朋友们自己说一说帮忙的办法。

（5）操作。教师指导幼儿利用模型娃娃进行操作练习，待幼儿掌握后，请他们一起帮助咪咪处理伤口。

（6）咪咪的伤口被包扎好了，说："谢谢你们，你们好厉害啊！我现在可以和你们一起玩了！"

3. 结束：

教师："听，咪咪感谢你们了！老师也要抱抱我们班这些能干的小家伙们！"教师逐一与幼儿拥抱。

活动延伸：

教师在幼儿经常流连的娃娃家投放了处理伤口的活动材料，并将课程中小朋友们帮助咪咪处理伤口的步骤按顺序贴在娃娃家的墙壁上。

教育评价与效果：

本活动主要采用了共情训练法。情感支持是幼儿社会学习的主要特点。教师通过拟人化的"小鸟受伤事件"让幼儿去学习理解他人的情感体验，以使他们在今后的生活中能理解他人的类似情绪，同时引导幼儿学习掌握安慰助人的行为方式。

首先，情境是幼儿看得懂的，能使他们共情。

其次，唤起幼儿已有的类似体验，使他们已有的体验与当前情境相关联。

最后，注重让幼儿表现共情，使他们不停留在同情与共鸣上，而是能够在共鸣的基础上表现出良好的行为。

幼儿参与度非常高，基本能够与"受伤的小鸟"共情；在感受小鸟的疼痛和不方便后能够想出办法去安慰和帮助它，达到了照护者的教育目的。

🐻 案例

生活教育活动："呜呜……我好伤心啊！"

周一下午4点半，托班的幼儿都吃完了晚饭。老师请他们拿着自己的书包坐在靠墙的小椅子上，等待离园。老师发现时间快到了，就搬了一把椅子坐到了幼儿的前面。她要求小朋友们都安静下来，听自己说：

"你们昨天出去玩了吗？"（开心）

"是不是有人去××公园了？"（肯定）

"老师也去了呢！不过，老师玩得不开心。"（假装委屈）

"老师在公园里看到了咱们班的一个小朋友，于是我特别高兴地过去跟他打招呼。结果，他躲在妈妈的身后不理我。"（伤心）

"谁来说说见到老师的时候应该怎样做呀？"（期待）

有的幼儿立刻从小椅子上下来，热情地跑向了老师；有的幼儿大声说"老师好"；更有幼儿夸张地说："老师，我喜欢你。"老师激动地接纳了这些幼儿的行为。其他幼儿也在这样的场景中纷纷过来拥抱老师，表达自己对老师的喜爱之情。

好一阵热闹之后，老师请小朋友们回到自己的座位上。

"老师真开心，你们刚刚做得太好了！"（开心）

教育评价与效果：

上面这个案例记录了一位实习教师在托班见习时的经历。案例中，教师运用充沛的情感渲染事件发生过程中个人的感受，配合夸张的表情动作，很好地激发了幼儿的移情能力，体现了幼儿教育的情境化。

另外，教师借用同伴的榜样示范对全体幼儿进行教育引导，而不是进行"我说了算"的强硬教育，使幼儿迅速、自然地接受了教师想要传递的信息和知识，体现了幼儿教育的生活化、体验化。

最后，幼儿表现出了超出教师预期更多的行为。教师给予及时的正强化，并认真和幼儿一起进行了总结，激发了幼儿践行的兴趣并提升了其认知水平。

这位实习教师在托班进行了两周的见习后去了小班。约一周后的某天下班时，她在楼道遇到了曾见习的托班的一名幼儿。远远地，这名幼儿就开心地向她招手问好。迎面走过的时候，这位教师还听到孩子妈妈问孩子："这也是你的老师吗？妈妈怎么没见过？"……声音渐行渐远，但这位实习教师却一直被感动着。她觉得自己与幼儿相处的时间不长，但他们能认识自己并在非教学区与自己热情地打招呼，这是对自己工作最大的肯定。从中我们可以看出，这名教师的教育对幼儿的亲社会行为起到了促进作用。

2. 家庭中的教育

案例

贴心的宝宝

宝宝18个月了，有一个勤劳的妈妈。为了让宝宝多爬行，妈妈每天都会细致地进行地面清洁工作。宝宝经常在家看着妈妈拖地。

一天，妈妈又开始拖地了。宝宝见状，从茶几上拽了一张湿巾。妈妈在前面拖，他趴在地上用湿巾擦。妈妈转头看到宝宝"卖力的表现"，高兴地低下头去亲了亲宝宝："宝宝，真棒！都能帮妈妈干活了，好贴心"。宝宝咧着小嘴笑了，干得更卖力气了！

分析与建议：

宝宝18个月了，这时他能够主动接近有困难的人，而且能够提供特定的帮助。例如，帮助妈妈做家务就清晰地体现了其亲社会行为的发展特点。妈妈在宝宝帮助自己时给予及时的回应与强化，会增加宝宝今后同类型行为产生的次数。

首先，她正确理解并尊重了幼儿的亲社会行为，并给予了及时的回应，达到了教育目的。其实，亲社会行为在家庭中可能随时发生，需要抚养者予以关注并正确回应，一旦错过就会在无意中误解婴幼儿对外界释放的善意。

其次，妈妈的强化也是具体而有效的，不是空洞的。在赏识教育被众多抚养者和照护者接受并肯定之后，很多人都知道要经常表扬婴幼儿，要善于抓住他们身上的发光点。但是，问题也随之出现了，那就是表扬泛滥而没有实效。诸如"你真棒！""你真厉害！"随口就来，结果不但没有培养出好孩子，还导致婴幼儿听不得批评。所以抚养者可以向宝宝妈妈学习如何正确恰当地强化婴幼儿的亲社会行为。

案例

"你去哄哄弟弟"

宝宝1岁了。一天，妈妈带他到贝贝家玩。贝贝因为不听话，正在被贝贝妈妈训斥。宝宝进门后，贝贝妈妈才停止训斥，但因为这一幕被宝宝看到了，贝贝突然就委屈地哭了起来。贝贝妈妈生气了："你还哭？自己做错了没有？"一方面，她觉得贝贝表现太差了；另一方面，她觉得贝贝在宝宝妈妈面前丢人了。

这时的宝宝一直在看着哭泣的贝贝，眼里还有些同情。宝宝妈妈一边劝慰贝贝妈妈消消气，一边轻轻地对宝宝说："你去哄哄弟弟，抱抱他。"宝宝看看妈妈，又看看贝贝，走过去，张开双臂抱住了贝贝，然后他抬头看向了妈妈。妈妈给了他一个赞许的微笑，宝宝羞涩地笑了。

分析与建议：

宝宝1岁了，能够辨别他人的情绪了。而且在妈妈的指导下，他开始学习安慰他人的方法，并得到了妈妈的肯定。

家庭是影响0～3岁婴幼儿亲社会行为发展的重要因素之一，尤其是抚养者对他们的教育。抚养者的直接教育和对婴幼儿亲社会行为的强化在亲社会行为的产生和发展中起着重要作用。

宝宝妈妈使用"直接教育——告知宝宝亲社会行为的具体方式"和"及时强化——赞许的微笑"两种方式，促进了宝宝亲社会行为的发展，同时使宝宝获得了积极的情绪体验，有利于其自我的发展，值得借鉴。

学习检测

1. 判断正误：亲子交往行为的核心是建立良好的亲子依恋。

2. 请简要说明亲子交往行为发展的影响因素。

3. 哪些因素会影响0～3岁婴幼儿的同伴交往行为？保教机构的教师应如何促进婴幼儿同伴交往能力的发展？

4. 亲社会行为指的是什么？请举例说明。

5. 亲子交往教育的途径有哪些？

6. 可以通过哪些途径对婴幼儿的同伴交往行为进行教育？

7. 如何进行婴幼儿亲社会行为的培养？

分享讨论

1. 材料：宝宝最近很爱让人抱着。妈妈放下他，他就哭；把他抱起来，他立马就安静了。但是家里的老人都说她："不能总抱他，你太宠他了！"

问题：你怎样看待宝宝索抱的行为？你的建议是什么？

2. 材料：很多人小时候可能都从家长那里听过"你是从垃圾堆里捡来的""你再这样，妈妈就不要你了"这样的言辞。

问题：你觉得家长这样的表达有什么不妥吗？你会怎么说、怎么做？

3. 材料：角色区的一条白色长裙一直深受孩子们的喜爱。这天茗茗来到角色区，刚拿起裙子想往身上套，倩倩也走了过来。她伸手就去抓茗茗手中的裙子，而茗茗将裙子护在身后，于是两人僵持了片刻。倩倩拿起一条蓝色长裙，送到了茗茗面前："这条好看，你穿这条吧。"茗茗犹豫了一下，将白色长裙给了倩倩，自己穿上了蓝色的。两人各自穿着好看的裙子，一个在前，一个在后，在教室里嬉戏起来，然后在娃娃家玩了起来。

问题：倩倩的行为正确吗？教师此时应该干预吗？为什么？

4. 材料：麦子和兜兜是一对双胞胎。在保育院中，两个孩子经常在一起玩，吃饭、睡觉的时候也要在一起，表现出十分友好的伙伴关系。自由活动的时候，他们在娃娃家里玩，两个人的笑声很快吸引了一旁的琦琦。琦琦丢下手里的玩具，走到两人旁边。双胞胎没有受到干扰，甚至都没有看琦琦一眼。琦琦在一旁十分高兴，一直看着她们玩，时不时地还会露出微笑。几分钟后双胞胎转移了地点，琦琦没有跟随。老师走过去问她："琦琦，你刚才在跟谁玩呢？""跟麦子和兜兜！"琦琦的脸上带着满足的笑容。

问题：琦琦是在和同伴进行交往吗？琦琦的行为是亲社会行为吗？为什么？

🔔 实践体验

1. 利用观察记录表，观察记录2~3岁幼儿的同伴交往行为，并用所学知识对记录结果予以解读。

要求：随机选择一所保育院，在区域活动时间，观察一名幼儿的同伴交往行为，并记录交往方式、交往持续时间、交往结果及幼儿交往后的情绪反应。

2. 利用观察记录表，观察记录0~2岁婴幼儿的亲子交往行为，并用所学知识对记录结果予以解读。

要求：可到商场的婴幼儿游戏区，在征得同意的条件下，按要求观察一名婴儿或幼儿与其母亲交往的行为，并记录交往发起的原因、母亲的言行、婴（幼）儿的反应和交往结果。

3. 为托班幼儿设计以"安慰"为主题的教育活动方案。

单元五 0～3岁婴幼儿社会适应的发展与教育

导言

9月，幼儿即将入园，抚养者开始焦虑，担心幼儿园教师不能照顾好自己的孩子，更担心孩子吃不好饭，不能自主如厕，等等。这些都是社会适应问题。根据0～3岁婴幼儿的生理发展特点，我们可以通过3岁前的教育和训练缓解抚养者在这方面的焦虑。本单元内容分为两个部分：第一部分系统讲述0～3岁婴幼儿社会适应发展的相关理论研究成果，其中包括生活适应和环境适应的定义、发展特点与影响因素等；第二部分主要讲解0～3岁婴幼儿生活适应和环境适应的教育内容与方法等。

学习目标

1. 了解生活适应和环境适应的定义及意义。
2. 掌握0～3岁婴幼儿生活适应和环境适应的发展特点。
3. 掌握0～3岁婴幼儿生活适应和环境适应的影响因素。
4. 能够运用合适的方法对0～3岁婴幼儿进行生活适应和环境适应教育。

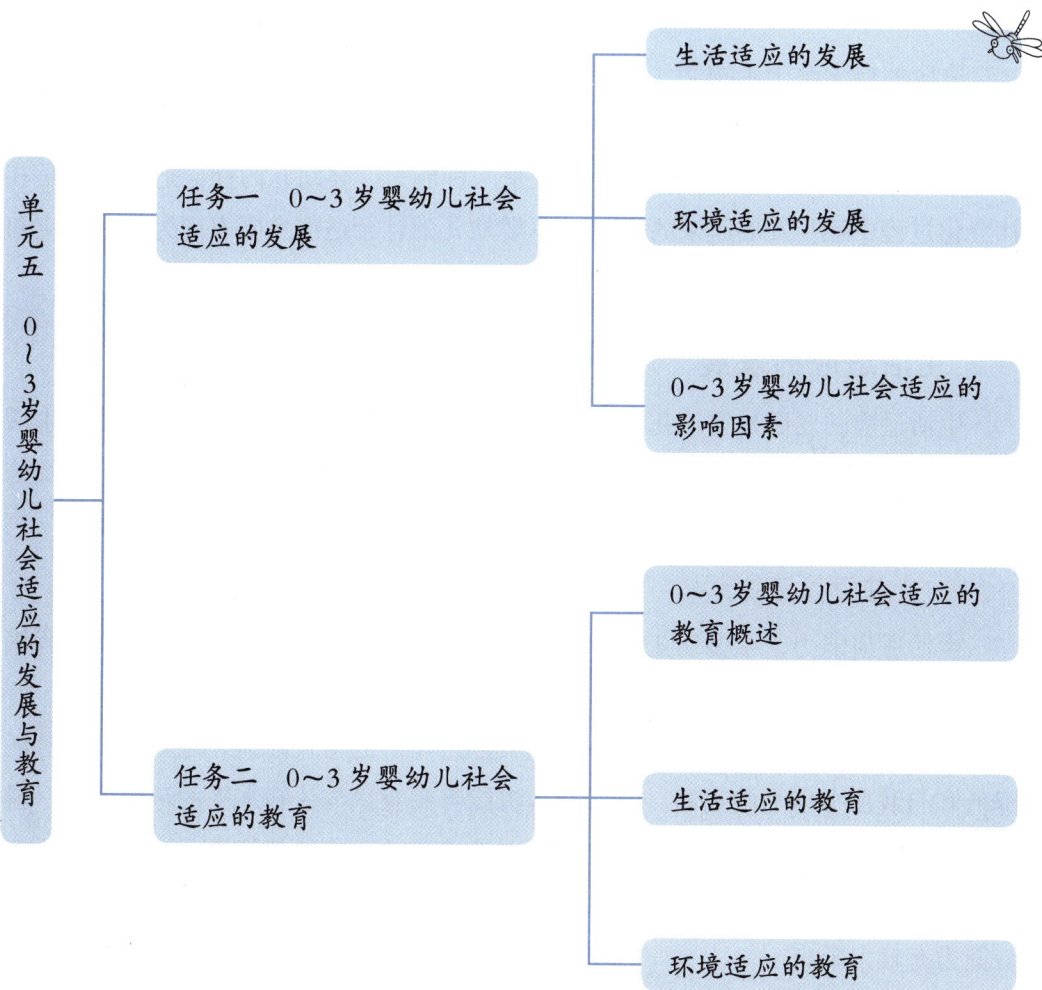

知识导览

单元五　0～3岁婴幼儿社会适应的发展与教育

任务一　0～3岁婴幼儿社会适应的发展

生活适应的发展

环境适应的发展

0～3岁婴幼儿社会适应的影响因素

任务二　0～3岁婴幼儿社会适应的教育

0～3岁婴幼儿社会适应的教育概述

生活适应的教育

环境适应的教育

任务一　0～3岁婴幼儿社会适应的发展

适应的概念源于生物学，适应是人类重要的生存能力之一。社会适应最早由斯宾塞（H. Spencer）提出，指的是个体观念与行为方式随社会环境变化而改变，以符合社会环境要求的过程。社会适应是一种能力。婴幼儿的社会适应能力是在社会化过程中逐步发展起来的。0～3岁婴幼儿的社会适应主要表现为生活适应和环境适应。

一、生活适应的发展

生活适应的发展是婴幼儿社会化过程的重要组成部分。0～3岁是婴幼儿生活适应的关键时期。生活适应能力的形成，有助于婴幼儿的责任感、自信心以及处理问题的能力的形成，对婴幼儿今后的生活有深远影响。

（一）生活适应概述

生活适应能力，在婴幼儿社会性发展研究中又称为生活自理能力或者自我服务能力，指的是婴幼儿在日常生活中照料自己生活的能力。

0～3岁婴幼儿生活适应主要体现为其随着年龄的增长渐渐表现出的依赖性的降低和自我服务能力的提高。由于身体机能自我意识与认知水平的不断发展，排除先天影响因素外，大部分婴幼儿可以连续接受并适应外部信息。主要的生活范围和共同生活的人群是外部信息种类及内容的决定因素，对0～3岁婴幼儿生活适应能力有较大影响。

（二）0～3岁婴幼儿生活适应的发展

婴幼儿从出生开始就进入高速成长期，头三年里可以说每一个月都有相当大的变化。3岁幼儿基本能够自己吃饭，自己上厕所，自我表达，总之，生活自理能力和适应新环境的能力都已经比较强。0～3岁婴幼儿生活适应的内容主要是睡眠、进餐、如厕、盥洗和穿戴等生活习惯的养成。

1. 睡眠

新生儿每天的睡眠时间为20～22小时。随着神经系统的发育，其睡眠时间逐渐减少，到3岁时每天睡眠时间减少至10～12小时。婴幼儿的睡眠之所以需要这么长的时间，主要是因为睡眠可使身体各部分得到充分休息，保护神经系统。此外，睡眠期间还是生长激素分泌的旺盛期，有利于婴幼儿身高的发育。

培养婴幼儿良好的睡眠习惯，可以从两个方面进行：一是形成睡前条件反射，如固定的睡前准备工作，如洗漱和换睡衣等，使婴幼儿明白要睡觉了；二是为婴幼儿提供良好的睡眠环境，整个睡眠过程中保持安静，尽量不使婴幼儿因外界干扰而受惊。

要注意两个问题：一是睡前保证婴幼儿情绪稳定，如入睡前情绪不稳，要以稳定情绪为主要任务；二是尽量使婴幼儿自己入睡，进行生活适应的初步锻炼。

2. 进餐

0～3岁婴幼儿的进餐主要分为两个阶段：出生至6个月是纯母乳期，6个月之后添加辅食。4～6个月时，随着唾液腺的发育及乳牙的萌出，婴儿逐渐具备了添加辅食的生理条件。

培养婴幼儿良好的进餐习惯，主要包括：第一，定时、定量、定点，即在固定的场所（餐桌前）、固定的时间进行定量的投喂。第二，在婴幼儿主动抓握食物或者主动抓握餐具进食时，例如，在婴幼儿想自己抱着奶瓶喝奶，或自己想用勺子吃饭时，给予锻炼的机会。此时，虽然仍需要成人喂，但婴幼儿已经开始拥有"独立性"，所以给予他们尝试锻炼的机会，才会发展他们的自我服务能力。第三，不干扰婴幼儿就餐，例如，吃饭时不闲聊，不看电视。

3. 如厕

如厕的训练也要根据婴幼儿的生理发育适时地进行。婴儿能独坐后，抚养者就可以扶着他在坐便器上进行排便的训练，白天尽量少使用纸尿裤。1岁后，幼儿逐渐可以独立行走。抚养者应适时提醒幼儿如厕，并开展穿脱裤子的训练。

培养婴幼儿良好的如厕习惯，要注意以下几点：一是不让婴幼儿长时间憋尿。二是不在婴幼儿尿床和尿裤子时批评、嘲笑他，避免婴幼儿产生紧张和羞愧的情绪，加剧尿床和尿裤子的情况；也不要置之不理，使婴幼儿产生错误认知——"尿床和尿裤子无所谓"。三是不要在婴幼儿排便时用电视节目或玩具等进行控制，以防排便结束后，婴幼儿仍在坐便器上逗留。

此外，2岁后还可以锻炼幼儿自己清理坐便器。

4. 盥洗

婴幼儿盥洗能力锻炼的主要内容是手面部清洁和口腔清洁。2岁前多由成人完成，之后可有针对性地进行专项教育和锻炼。

3岁前的口腔清洁主要依靠成人完成，所以此时的口腔清洁习惯依赖成人的培养。

5. 穿戴

穿戴能力的训练主要是配合成人穿脱衣服。婴儿6个月坐起来"吃脚"时，就有了脱袜训练的生理基础。他们会抓住袜子的顶端往下拽，有时还会把自己"拽倒"。穿脱裤子的训练同如厕训练一起进行，建议婴幼儿的裤子不用拉链式或系扣式，以方便训练。穿脱衣服时，成人要给予婴幼儿准确的配合要求，使婴幼儿建立正确的穿脱认知，为以后自己的穿戴行为打好基础。

拓 展 学 习

婴幼儿的神经系统及运动系统正处于发育过程中，他们的生活适应及自我服务能力的发展是非常需要成人耐心的等待与支持的。扫描文旁二维码观看视频，理解婴幼儿的生长发育特点。

二、环境适应的发展

环境包括人类生活的全部空间，分为物质环境和精神环境。其中精神环境主要指的是人际关系与氛围。

环境适应是个体以较为稳定的情绪与应对方式对待周遭环境变化的过程。对0～3岁婴幼儿而言，环境适应的对象和范围主要是家庭环境以及保教机构环境。

（一）新生儿出生后首先要适应脱离母体的外部环境

家庭是影响婴幼儿环境适应的最主要的因素。新生儿刚从温暖的、紧致的、安全的母亲体内来到新的世界，其生活的环境发生了巨大的变化，所以要尽量为他们创造一个良好的生活环境。

温度、湿度要适宜。室内温度应保持在 25℃～28℃，夏天空调不要直吹，冬天暖气不要过热；湿度控制在 50% rh～60% rh，不能过于干燥，也不能过于潮湿。

室内光线不要太强。婴儿刚出生时看不到光，但会有微弱的光感，尽量不要让新生儿感觉出环境变化太大。避免强光直接照射新生儿的眼睛，同时光线也不能过暗，要让新生儿逐渐适应自然光线。

室内环境要保持安静。妈妈的子宫是一个相对密闭而安静的环境。胎儿感知最多的是妈妈有规律的心跳声在羊水里的回响。所以婴儿出生后，成人要尽量保持安静。声音过大会影响新生儿的睡眠，使新生儿受到惊吓。

抚养者的穿着要舒适。成人舒适的衣物一方面可以保护婴儿的皮肤，另一方面也有助于依恋关系的形成。

（二）1.5~3岁的幼儿要适应从家庭到保教机构的环境

幼儿对保教机构环境的适应需要家庭与保教机构配合完成。一方面，抚养者要经常带着幼儿到保教机构中参观物质环境，并适当参与保教机构的入园适应活动，使幼儿适应保教机构的人际环境。另一方面，保教机构在环境创设上应多向家庭物质环境倾斜。同时，照护者也要努力为幼儿创设和谐、宽松、接纳的人际环境。

适应要注意循序渐进。成人要给予婴幼儿适应环境的时间，让他们慢慢适应新的环境，这样才能使他们在环境改变后保持情绪的稳定，不会产生太大的心理压力。

三、0~3岁婴幼儿社会适应的影响因素

婴幼儿的早期生活经验和生活环境对其社会适应能力的发展具有极为重要的作用。婴幼儿早期社会行为的内化，有助于他们成长为具有良好社会适应性的人。

（一）家庭生活与环境

家庭是婴幼儿生存和发展的最基本、最重要的社会生态环境。家庭成员是婴幼儿最早的人际关系网络。亲子关系是婴幼儿家庭生活的主要内容和影响其成长的关键因素。而亲子关系的建立主要有赖于抚养者的努力，所以抚养者在为婴幼儿进入社会做准备时应注意：遵循婴幼儿发展规律，为他们提供安全、健康和积极的生活环境；在婴幼儿的客观发展水平上，引导并教育其逐渐掌握良好的人际交往的方式，如安慰、互助等，不过分迁就婴幼儿以自我为中心的行为，要因势利导。

1. 母亲

婴儿期极为重要的任务之一是发展婴儿对其所处环境的安全感和对别人的基本信赖感。培养婴幼儿对父母的基本信任感，以及对人类社会的信任感，是非常重要的养育内容。不信任感和不安全感是情感问题，其根源可能来自生命初期父母对子女需要的疏忽。如果父母排斥婴儿、漫不经心，婴儿就可能把世界看成一个缺乏温暖、险恶和不安全的地方。婴儿与母亲接触的行为如微笑、亲吻、拥抱、发声和凝视被看作亲子依恋的标志。他们之间的互动关系是衡量亲子依恋好坏的根据。在依恋关系中父母所起的作用可以从四个维度来评估：敏感／不敏感、接受／排斥、民主／专制、接近／不理会。

2. 父亲

父亲也是家庭中与婴幼儿接触较多的人。由于父母社会职能的分工和历史文化的影响，父亲直接护理婴幼儿的时间和机会较少，但父亲对其的发展具有母亲不可替代的作用。传统社会学习理论强调了父亲作为男童的道德传输者的重要性。父亲与婴幼儿游戏的作用不能被母亲所替代，这种父—婴交往情境在婴幼儿的认知、社会性和个性特征等多方面的发展中有重要的影响。有学者用父亲和婴幼儿之间的激活关系来描述父亲与婴幼儿之间的关系，认为父亲与婴幼儿的激活关系是婴幼儿积极能力发展的基础。有研究认为，婴幼儿与母亲的依恋关系主要建立在母亲的抚养和敏感度之上，而婴幼儿与父亲的关系更多建立在活跃的游戏中。婴幼儿在遇到痛苦时更多地到母亲那里去寻找安慰，而想玩时，则更多地想到父亲。父亲缺失会使婴幼儿缺少与父亲游戏的经验，缺少与父亲之间的激活关系的作用，进而影响婴幼儿心理的发展。同时，婴幼儿与父亲游戏有利于婴幼儿逐渐摆脱对母亲的依恋，诱发婴幼儿对外部世界的好奇，而成功的探索经验又会使他们获得信心，面对陌生环境时表现出更多勇气。另外，父亲、母亲的角色和行为的差别对婴幼儿性别角色的形成也起着重要的作用。父亲对婴幼儿性别角色形成的影响虽然只是潜在的，但却是十分重要的。父亲角色对男童和女童都有影响。女童受父亲的影响会表现在独立性和冒险精神等特征上。缺乏父亲抚育的男童倾向于不爱参加运动和竞争性活动。

3. 祖父母

在我国现代的家庭中，许多祖父母参与了婴幼儿的养育过程。祖辈参与养育有积极和消极两个方面的作用。祖父母的存在为婴幼儿的成长提供了更加温暖、安全的家庭环境。同时祖父母作为母亲以外的抚养者，对婴幼儿摆脱过度依恋起到了积极的作用。但是，祖辈的角色决定了他们对孙辈的养育目标、养育态度和养育方式与父母不同。祖父母对婴幼儿的期望多是健康、安全，多倾向于采用溺爱、娇惯的养育方式。这种养育方式的结果以及经常出现的祖父母与父母养育方式的不一致所导致的矛盾，对婴幼儿社会化的发展是一种不良的影响。

（二）保教机构环境与教育

婴幼儿从家庭来到保教机构后，照护者替代了抚养者；吃饭、睡觉、如厕、喝水的地方全部发生了变化；生活作息也与在家庭中有了差异；等等。环境的剧烈变化会使婴幼儿产生不安全感，从而影响其环境适应。

合理的早期教育对婴幼儿的社会适应能力有促进作用，表现为经过视听、语言、运动训练及社会能力训练等早期教育训练的婴幼儿在独立生活、交往、参加集体活动三个领域的适应能力显著提高。经过早期教育训练的婴幼儿多是积极乐观的，易于加入同伴的活动，不害怕接触新事物，因此更有机会去认识新事物；其独立能力令其自信心增强，更能发挥主观能动性，适应行为更趋良好。亲子游戏活动有助于提高婴幼儿的感知觉，以及运动、语言和社会交往能力，促进其神经系统的发育。通过早期潜能开发训练，给婴幼儿提供一个与同龄伙伴交流交往的空间，能够促进其社会化，促进其社会适应能力的发展，对于独生子女来说尤为重要。指导抚养者重视子女生活能力的培养，放手而不是"包办代替"，是促进婴幼儿社会适应能力发展的有效途径。

拓 展 学 习

什么是社会适应能力？

1．社会适应能力的概念

朱智贤在其《心理学大词典》中指出，社会适应能力是个体对现存社会中生活方式、道德要求、行为准则的接受的过程。婴幼儿的社会适应能力是在上述定义的基础上衍生而来的。

张明红把婴幼儿的社会适应能力解释为婴幼儿对新环境的适应能力，以及对矛盾冲突情境的解决处理能力，具体包括：首先，初步形成适应新环境的能力、对陌生人的适应能力，以及对同伴交往的适应能力；其次，具有独立克服困难、处理社会生活中简单矛盾的能力；最后，学会做事，学会生活。

婴幼儿的社会适应能力包含以下两个方面：一是技能，即应对环境变化、处理矛盾、解决问题等方面的技能技巧；二是能力，即在适应新环境的过程中，主动调节自身使之与新环境保持动态平衡的能力。

2．社会适应能力的结构

1935年，道尔（Doll）提出婴幼儿的社会适应能力是具有多维结构的，包括一般自理、穿衣自理、进食自理、行走、自我定向、沟通、社会化和就业八个维度。

1968年，冈茨伯格（Gunzberg）将婴幼儿的社会适应能力划分为四个维度，具体为自理能力、沟通能力、社会化能力、职业能力。

2014年，张栋在研究婴幼儿的社会适应能力时基于婴幼儿的年龄特点和心理发展规律，把社会适应能力划分为四个维度，分别为家庭适应、

拓 展 学 习

学业适应、人际适应、自我适应。

通过对现有文献的分析，婴幼儿的社会适应能力主要包括四个方面：幼儿的生活自理能力、幼儿对社会环境和社会规范的适应能力、幼儿的人际交往能力、幼儿独立做事的能力。

任务二   0～3岁婴幼儿社会适应的教育

婴幼儿的社会适应是其社会化结果外在的、具体的表现。这种适应可能是积极的，也可能是消极的。为促进0～3岁婴幼儿的社会适应，我们应利用好亲子教育的契机，重视亲子教育中的指导，使亲子关系和谐发展。

一、0~3岁婴幼儿社会适应的教育概述

（一）重视亲子教育

1. 营造积极的家庭氛围

（1）采用科学的家庭教育方式

首先，抚养者应提高自身修养，重视榜样的作用。抚养者是孩子的第一任教师，抚养者的言传身教对婴幼儿有重要影响。其次，抚养者应与婴幼儿进行平等沟通。抚养者要把婴幼儿看成独立的个体，而不是自己的附属品，和他建立平等、民主的关系。抚养者应该充分理解和尊重婴幼儿，多与他们交流，当他们遇到困难时及时给予引导。抚养者应尊重并鼓励婴幼儿表达自己的意见和观点，并耐心倾听，对婴幼儿错误的观点给予悉心的引导，正面教育，避免采取极端的方式伤害其自尊，同时对婴幼儿的不同行为表现要奖罚分明。

（2）做出适宜的情感反应

家庭成员在处理某一事件时的自我卷入程度表现为当特定刺激出现时能不能做出合适的情绪情感反应。抚养者应该在适当的时候对婴幼儿的行为给予适当的反馈，鼓励婴幼儿表达积极情绪，发泄消极情绪，不能有所偏颇。科学合理地调节情绪是教育婴幼儿的前提。抚养者只有时刻注意调整自己的情绪，抑制冲动，不采取极端方式，才能在教育婴幼儿的过程中不感情用事，耐心有效地指导婴幼儿，将消极因素转化为积极因素，帮助婴幼儿在生活中学会正确表达和发泄消极

情绪。除了调节自己的情绪，抚养者还要时刻关注婴幼儿的情绪变化。在平常的教养中，抚养者往往更容易对婴幼儿的高兴、欢乐等积极情绪给予鼓励，而压制婴幼儿的消极情绪。实际上，只有正确地对待生活中的各种积极和消极的情绪，婴幼儿才能更加快乐地成长。抚养者应努力为婴幼儿创造一个温馨、和谐的家庭氛围，使婴幼儿始终保持一种轻松、愉悦的心理状态。这样有利于婴幼儿良好情绪情感的表达，也有利于婴幼儿良好行为的产生，从而减少婴幼儿攻击性行为的产生。

（3）重视父亲的参与

在教育孩子的过程中，父亲角色缺失的现象比较常见，原因主要有二：一是生活压力使得父亲无暇顾及孩子的教育。二是受传统观念的影响，很多人认为男主外、女主内，照顾孩子应该是母亲的事情。目前越来越多的家庭开始意识到这种教育观念的不当之处。重视发挥父亲在婴幼儿教育过程中的作用，可以从两方面入手：一方面，父亲要利用各种机会提升自己的育儿知识和技能；另一方面，父亲要有积极参与育儿过程的意识，并付诸行动。同时，家庭其他成员要支持与鼓励父亲，给予父亲更多参与子女教育的机会（见图5-1）。

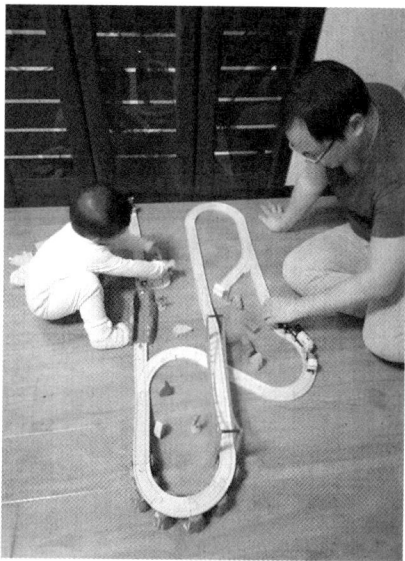

图5-1　父亲的陪伴

（4）把握行为控制的尺度

抚养者在教养过程中要注意不能用自己的主观意愿限制和支配婴幼儿的思想或行为，要给婴幼儿亲力亲为的机会。婴幼儿是独立的个体，在成长的过程中也需要独立的空间，需要独立地去解决问题和做决定。当婴幼儿的想法是正确且合理的时，抚养者应该鼓励婴幼儿独立实践。长时间的一手包办会影响婴幼儿学习的主动性，不利于婴幼儿各种社会能力的培养和锻炼。抚养者应适当放手，给婴幼儿亲身实践的机会。抚养者还要严格约束自己的行为。因为对于学龄前的婴幼儿来说，他们典型的心理特点是好模仿，思维具体形象，辨别是非能力差，其各种行为习惯多是通过对他人的模仿而习得的。成人的各种语言和动作都是他们学习的对象。抚养者良好的行为能促进幼儿亲社会行为的形成，而抚养者不良的行为将有可能导致婴幼儿问题行为的产生。因此，抚养者应该为婴幼儿树立良好的行为榜样，努力控制自己的情绪和行为，凡事都要先冷静一下，想想应该如何做才能处理好问题，要时刻意识到所谓生气、暴躁是解决不了问题的，反而会让问题变得更加严重。

2. 掌握亲子教育的途径

家庭是孩子的第一所学校，是其生活和接受教育的第一课堂。绝大多数婴幼儿的家庭早期教育是在家庭日常生活中进行的。抚养者应该通过多种途径照料婴幼儿的基本生活起居，与婴幼儿互动和交流，促进婴幼儿体格、情绪情感、智力和社会交往能力的发展。

重视游戏在培养婴幼儿社会适应能力上的重要作用，为婴幼儿创设丰富的教育环境，让婴幼儿在游戏中快乐、自主、潜移默化地学会生活自理，独立做事，遵守各种规范。

提供更多体验生活的机会。人的社会适应能力的发展是在不断社会化的过程中实现的。人的整个社会化过程就是不断从生物的人向社会的人发展的过程，这一过程是不可能脱离现实生活的。婴幼儿是真实生活中的婴幼儿，所以对婴幼儿社会适应能力的培养必须以现实生活为基础，以防止婴幼儿在与其他角色人群交往时产生怯懦心理、退缩行为，以及不懂得与别人分享、协商、合作，遇到问题后总是想求助成人，很少进行思考等表现。抚养者可以通过家庭内的角色扮演进行游戏，注意观察婴幼儿的行为表现，对其不良行为进行指导，同时还要根据婴幼儿的兴趣爱好及时调整指导方向。

（二）加强早期教育，协调家园关系，构建婴幼儿社会适应能力的培育共同体

婴幼儿处于社会适应能力发展的关键期，仅依靠抚养者或保教机构是不够的，还需要照护者和抚养者积极配合，共同培养婴幼儿良好的社会适应能力，为婴幼儿以后能够更好地适应社会打下坚实的基础。

1. 完善沟通渠道

第一，保教机构可以建立家长联系册，通过打电话、发送信息等方式与抚养者联系，及时沟通一定时期内婴幼儿的行为表现，帮助抚养者了解婴幼儿的情况，针对婴幼儿存在的问题，为抚养者提供相应的解决方式。

第二，保教机构可以鼓励照护者进行家访。通过家访，照护者不仅能够很好地了解婴幼儿的家庭教养环境，而且能在与抚养者进行全面细致的交谈中更好地了解婴幼儿社会适应行为问题形成的原因，进而在对婴幼儿进行社会适应能力的培养中采取针对性措施。此外，这样做也容易使保教机构的工作得到抚养者的认

同，实现双向互动。

第三，保教机构可以创建家长交流平台，为抚养者提供更多交流的机会。例如，保教机构可以定期举行家长交流会，或者为家长建立交流群，通过家长的相互交流，帮助家长完善各自的家庭教育方法。一些保教机构还可以创建家长论坛，供抚养者分享好的培养婴幼儿社会适应能力的方法，帮助抚养者建立正确的婴幼儿观、教育观。

第四，保教机构可以每日安排一名教师，利用抚养者来园接送婴幼儿的时间与抚养者进行沟通，这样可以使抚养者和照护者全面了解婴幼儿在家、园中的行为表现，针对婴幼儿出现的不良行为问题，准确分析成因并及时采取有效的干预措施。

2. 为抚养者提供更多的学习途径

在家庭教育中，大部分抚养者注重对婴幼儿进行早期智力的开发，而忽视了社会性的培养。一部分抚养者重视对婴幼儿社会性的培养，但在培养过程中缺乏合理手段，导致一些婴幼儿出现某些社会适应问题。保教机构需要为抚养者提供更多科学育儿的知识与途径。

第一，建立家园合作委员会。委员会主要由教育经验丰富的照护者和抚养者共同组成。委员会的主要任务：通过讨论、协商，定期向抚养者推荐一些具有科学性且操作性较强的教育书籍，逐渐转变抚养者不正确的教育观念，帮助抚养者解决在教育中遇到的问题。委员会定期对各个班级婴幼儿社会适应能力的发展情况进行评价，发现存在社会适应问题的婴幼儿后，及时与班级照护者和抚养者进行沟通，共同制订合理的培养方案。

第二，定期开展专家讲座。保教机构可以邀请具有婴幼儿社会性教育经验的专家为抚养者开展讲座，使抚养者获得更多科学的教育知识和经验。

第三，开展亲子活动。保教机构可以组织各种亲子活动，不仅能够使抚养者获得教育知识，使抚养者对婴幼儿的发展具有更深的了解，同时还能够促进亲子关系的发展。

二、生活适应的教育

（一）保教机构中的教育

婴幼儿进入保教机构后就必须学习和遵守更多的规则与要求。强化是一种方式，但往往会事倍功半；循循善诱是一种柔性策略，但有时婴幼儿却置若罔闻。婴幼儿规则意识的偏差，并不全是教育方式的问题，有时是照护者不善于把握教育时机造成的。教育要成功，时机的把握起着关键的作用。

案例

宝宝自己喝牛奶

宝宝在家时是自己抱着奶瓶喝牛奶的。但是进入保育院后，宝宝只能用杯子喝牛奶。每天的点心时间，他总是摇摇头表示不喝牛奶，老师也没有坚持让宝宝喝牛奶。宝宝站在一边看着其他小朋友用杯子喝着香喷喷的牛奶。有一天在点心时间，老师再一次问宝宝："你喝牛奶吗？"宝宝这次没有像往常那样拒绝，于是老师把杯子递给了宝宝。宝宝第一次在保育院用杯子喝牛奶了。

老师高兴地拥抱了宝宝，并表扬了他："宝宝长大了，能用杯子喝牛奶了。"老师鼓励宝宝回家也用杯子喝牛奶，告诉爸爸妈妈"宝宝长大了"。宝宝逐渐养成了用杯子喝牛奶的习惯。

教育评价与效果：

拥抱和鼓励作为强化的方式，使宝宝在尝试后产生了自信，并体会到了成功，让他有了继续努力的动力。照护者抓住了这一教育契机，通过恰当的激励和鼓励，让良好的行为得到肯定，没有就此中断。这个"第一次"就是婴幼儿日后行为的榜样。

案例

图画书——孩子的密友

针对托班幼儿（2～3岁）入园适应期，幼儿园借助发展幼儿积极情感的图画书来引导幼儿顺利度过分离焦虑期，如选用了《我妈妈》《猜猜我有多爱你》《棉花球老鼠》《想吃苹果的鼠小弟》《没有人喜欢我》等图画书，并把这些图画书分为"入园适应""自我表达"和"同伴交往"三种类别，分三个阶段跟孩子们分享。

第一阶段：我能行。

针对托班幼儿刚刚入园的分离焦虑问题，我们最先呈现给他们的是《棉花球老鼠》。该书通过讲述小老鼠科林经过一系列刺激的历险，发现自己长大了的经历，告诉孩子们成长过程中的很多事需要自己独立去经历，让孩子们体验"我能行"的乐趣。当孩子们熟悉图画书内容后，结合孩子们的年龄特点，我们邀请孩子们进行角色表演。角色表演有利于将幼儿的认知、情感和行为融为一体，使幼儿更好地与图画书中的小老鼠科林产生共鸣，让图画书中的各种历险情节深入幼儿的心灵。因此，图画书阅读不失为一种帮助幼儿进行入园适应的良策。

仔细回忆一下让我们成人印象深刻的事，难道不都是自己的亲身体验吗？孩子的乐趣与成就感来源于什么？难道不是第一次搭建好的积木？不是第一次正确穿上的衣服？我们深知，对生活的掌控，对未来的独立探索，是信心的重要来源。虽然积木不是一次就能搭建好的，衣服也不是一次就能穿正确的，但我们深知，只有放手让孩子自己去做，他们才会成功。

另外，在过渡环节和午休时，我们也会为孩子们朗读《米姆要独立》《我不想离开你》《大象小不点》等有关独立的图画书，用独立的思想帮助孩子们适应幼儿园的生活。

第二阶段：我爱你。

经过近两个月的适应，孩子们渐渐地喜欢上了幼儿园，不会一谈到"妈妈"和"爸爸"就哭闹了。我们给孩子们分享《我爸爸》《我妈妈》这类温情的图画书。分享的过程中，我们似乎可以听到孩子们提到自己爸爸妈妈时的骄傲和自豪。散步时，我们也会给孩子们穿插分享《猜猜我有多爱你》《第一次冒险》等图画书，并适时开展谈话活动，让孩子们用自己的话来表达，说出自己对爸爸妈妈的崇拜和爱。"妈妈美丽得像花仙子""妈妈，巧克力有多甜，我就有多爱你"这类滑稽又触动人心灵的语句层出不穷，每个人都沉浸在浓浓的爱意之中。

爱要说出口。为了鼓励孩子们大胆表达，美术活动中，我们引导孩子们用自己最喜欢的颜色为爸爸妈妈的衣服涂色，并在开放日的时候，邀请爸爸妈妈一起表演。孩子最渴望的是陪伴。试想，在幼儿园，在众多小伙伴面前，孩子拉着爸爸妈妈的手，说着"我妈妈漂亮得像公主""我爸爸像金刚一样厉害"，是一件多么荣耀而幸福的事。

第三阶段：我和你。

孩子是这个世界上最容易交到朋友的一群人。小伙伴远远的一声招呼、一起分享的糖果，都能变成纯纯的友情。在幼儿园的集体生活中，他们开始慢慢体验到友情的甜蜜。为了帮助孩子们交到更多的好朋友，我们帮他们挑选了《敌人派》《好朋友》这类有关同伴交往的图画书。

在户外活动中，我们也会把图画书中"同伴"的概念运用其中，设计"朋友树""小蚂蚁运粮"等活动，为孩子们分配任务，让好朋友分工合作，并增加竞技性，让孩子们体验同伴合作的乐趣。进入幼儿园，在一个陌生的集体中，通过自己的努力交到朋友，并且和好朋友一起完成任务，会让孩子们幼小的心灵得到温暖的、有力的支持。

在我们的感染下，孩子们爱上了图画书，还经常把自己认为特别有意思的图画书带到幼儿园里和小朋友们一起分享。家长也乐在其中，会抽出时间和孩子一起遨游在书香的世界。

优质的图画书是一种美好的存在，能帮助孩子们在一个个鲜活的故事中，感受到美好的情感。

（本案例由天津市河西保育院蔡阆阆、刘金艳提供）

教育评价与效果：

照护者精心选择恰当的图画书故事，使教育目的与内容具体化，便于婴幼儿接受与理解，在尊重婴幼儿社会性发展特点的基础上促进了婴幼儿的社会化。

（二）家庭中的教育

🐻 案例

"小鸭子"哪儿去了？

宝宝两岁半了。妈妈很早就不给他用纸尿裤了，在宝宝一岁半的时候就给他准备了一个"小鸭子"坐便器。每次宝宝要排便的时候，妈妈就会让他自己坐到"小鸭子"上，然后在宝宝排便后将排泄物倒入洗手间的坐便器里。最开始，宝宝排便后就继续自己玩了，慢慢地开始跟在妈妈身后，看妈妈要把"小鸭子"拿到哪里去。有一天，宝宝排便后，妈妈正在忙自己的事情，没有及时处理。妈妈处理好事情之后到洗手间洗手时，发现"小鸭子"在洗手池里。妈妈想了一下，这好像不是自己放的，顺手将"小鸭子"清洗好后拿出来，问宝宝："宝宝，'小鸭子'是你拿到洗手间的吗？"宝宝疑惑地看着妈妈，好像在说："是我啊！怎么了？"妈妈高兴地给了宝宝一个吻："宝宝真棒，会自己清洗坐便器了。"

分析与建议：

宝宝在观察、学习妈妈的行为，并在机会合适时进行了独立的尝试。妈妈在发现宝宝积极的尝试后给予了恰如其分的表扬，巩固了宝宝的这一行为。

在婴幼儿自我服务能力的发展过程中，抚养者要给予正确的行为示范，然后在婴幼儿产生模仿行为后给予其锻炼的机会，并适时地强化，这样有利于婴幼儿自我服务能力的提升。

案例

好好吃饭

宝宝从添加辅食开始，食欲一直很好，所以妈妈每次喂饭都很轻松。为此，很多家长都向她"取经"。妈妈也感觉自己非常胜任母亲这个新的角色，并为此感到满足。随着宝宝一点点长大，吃饭的时候因为有妈妈喂，宝宝就开始东摸西摸，拿到一个东西后还会反复玩。宝宝入托后，老师在离园的时候跟妈妈进行了一次交流。

师：宝宝吃饭不太好，中途总是放下勺子。他在家时也是这样的吗？

妈妈：不是吧？他吃饭一直都不让人操心，喂什么，吃什么，进餐速度也很快。

师：是他自己吃吗？

妈妈：不是，都是家里人喂。干净，还不耽误时间。

分析与建议：

案例中的妈妈很显然误解了"好好吃饭"的概念，认为只要宝宝不挑食偏食，安静地等着喂，不乱跑就是好好吃饭了。

好习惯的养成不容易，坏习惯要改变更是困难重重。穿衣吃饭对婴幼儿来讲可以锻炼他们肢体动作的协调性，是培养他们自我服务能力并使其养成良好生活习惯的关键活动。重视对婴幼儿吃喝拉撒的教育而不只是照顾，是我们当代抚养者应该具备的教育观念。

三、环境适应的教育

（一）保教机构中的教育

🐻 案例

托育机构环境创设实例（托班——苗苗班）

图 5-2   托育机构环境

对于两岁半的幼儿来说，离开家人的呵护和宠爱，来到一个陌生的环境，难免会不适应，从而出现无助、哭闹等情况。我们在为苗苗班幼儿营造环境时，首先考虑的是创造家庭化的环境，力求营造温馨、舒适、亲切的气氛。

在环境布置上，我们选用了粉色的花，一是符合幼儿的年龄特点，二是在为幼儿营造一种亲切、温馨的环境。

在环境装饰上，我们选择了幼儿喜欢的动画形象。白云、栅栏、绿叶为幼儿营造出轻松愉快的氛围，寓意小朋友们在蓝天白云下、在绿草地上恣意玩耍。

一进活动室，首先映入眼帘的是一棵绿树，下面是花坛、花篮、盆栽，一片绿意盎然。幼儿在这样温馨、舒适的环境中备感家庭的温暖。

　　陈鹤琴先生说过："孩子生来是好动的，游戏是他们的生命。"确实如此，适合孩子年龄特点、发展水平的游戏对孩子认识世界、探索世界起着极其重要的作用。苗苗班的孩子更离不开游戏。只有创设符合他们身心特点和认识规律的宽松、舒适、自由的环境，才能让他们健康快乐地成长。

　　在一日活动中，我们给孩子创设更多的条件，多给孩子参与的机会，让孩子有更多的选择。在室内，我们注意合理利用空间，选用开放式的玩具橱，便于孩子取用玩具，还创设各种区域供孩子灵活选择活动。托班孩子年龄小，注意力不集中，但他们对感兴趣的东西就会非常专注。因此，我们注意创设孩子感兴趣的、色彩鲜艳的、便于孩子操作的活动区域，以满足他们好奇、好玩、好动的特点。户外有小滑梯、平衡木、轮胎、积木、小房子、爬行垫、七彩隧道等，为孩子提供宽敞的活动空间和宽松、适宜的游戏环境。

　　在以后的教育活动中，我们也会继续抓住幼儿2～3岁这一良好的教育阶段，更多地从孩子的实际出发，创设符合其年龄特点的环境，促进孩子身心和谐、健康地发展。

（本案例由天津市河西保育院寇丽荣提供）

教育评价与效果：

　　环境也是教育的一种途径，它在潜移默化中影响着婴幼儿的社会性发展。环境的变化往往会引起婴幼儿情绪情感的变化。为了稳定婴幼儿的情绪情感，照护者需要根据婴幼儿的特点进行环境创设。符合婴幼儿需要和兴趣的环境会引发其积极的情绪情感。

案例

亲子共读活动

——"小习惯　大教育"阅读节活动实施方案

　　一、指导思想

　　亲子阅读是2～3岁幼儿非常喜欢的家庭教育活动。为增进亲子感情，激发幼儿阅读兴趣，使幼儿从小养成良好的阅读习惯，园所围绕"小习惯　大教育"活动主题，请各班创设适宜的阅读环境，邀请家长一起参与阅读活动。

二、活动目标

以亲子阅读为平台，充分挖掘图画书的教育功能，引导幼儿学会观察画面内容，促进幼儿智力发展，培养幼儿的阅读兴趣与阅读习惯，同时为家庭亲子共读提供指导。

三、活动主题

"小习惯　大教育"。

四、实施安排

1. 各班向家长分发活动倡议书和亲子阅读指导策略材料。

2. 帮助家长结合幼儿年龄特点选择适宜的图画书。

3. 每天组织安排图画书阅读活动。

4. 各班做好活动过程中资料的收集与整理。

5. 对全体幼儿进行表彰，发放奖状、奖品，使全体幼儿体验通过阅读活动获得成功的快乐，进一步激发幼儿的阅读兴趣，培养幼儿良好的阅读习惯，为幼儿的长远发展打好基础。

"小习惯　大教育"阅读节活动倡议书

亲爱的家长朋友、小朋友们：

"小习惯　大教育"阅读节即将开幕啦！

0～6岁是幼儿语言发展的敏感期，2～6岁是幼儿阅读习惯培养的关键期。引导幼儿多读好书，养成良好的阅读习惯，为幼儿的成长添加营养，让幼儿尽情遨游在书的海洋，体味阅读的乐趣，体味成功的喜悦！

在此，全体教师向家长朋友、小朋友们发出倡议：

1. 每位小朋友把你喜爱的故事书带到幼儿园，与同伴进行交换，体验分享的快乐。

2. 坚持每天给爸爸妈妈讲一本故事书。

3. 图书是我们的好朋友，我们要爱护它。

家长们：

1. 每天抽出半小时陪宝宝阅读，为宝宝养成良好的阅读习惯助力。

2. 为宝宝创设安静、舒适的阅读环境，让宝宝尽情享受阅读的乐趣。

让我们共同努力，引领幼儿喜欢阅读、学会阅读，通过阅读增进情感，促进幼儿语言、思维、逻辑的发展。

（本案例由天津市河西保育院刘金艳提供）

教育评价与效果：

培养婴幼儿的阅读习惯是保教机构的教育任务之一，同时这一习惯的养成需要家庭的配合。阅读对于婴幼儿而言是一个新鲜事物。在面对新的事物时，婴幼儿身边如果有熟悉的抚养者的陪伴，会减少心理的不安，更加投入对新事物的探索中。在上述案例中，父母在专业人员的指导下学会了如何陪伴婴幼儿阅读，一举多得。

（二）家庭中的教育

案例

宝宝又喜欢去保育院了

宝宝两岁半了。入托前为了让宝宝适应保育院的生活，妈妈在寒假期间多次带她去保育院玩，让她熟悉保育院的生活。开学后，妈妈的做法得到了良好的反馈：宝宝每天开开心心地去，恋恋不舍地回，回到家里还在不停地说着保育院的好。但是，第三天，情况发生了变化，宝宝开始哭闹着不去保育院了。妈妈为此感到担心，但想着这可能是正常反应，再等等就会好的。结果，妈妈没能如愿。宝宝在第二周的第一天反应更加强烈了，在家里不能跟她提去保育院的事情。宝宝整个人的情绪看起来非常沮丧。

妈妈开始分析宝宝为什么会这样：宝宝是插班生，而其他小朋友已经入托半年了，他们已经熟悉了保育院的生活，也掌握了一些基本的生活、游戏技能。宝宝在班里没有熟悉的小朋友，在很多活动中也跟不上大家的反应。这样一来宝宝难免产生自卑、畏惧的心理。于是妈妈决定帮助宝宝树立自信。

妈妈："宝宝，你能自己吃饭，而且每次吃饭都不会把饭掉到桌子上，你棒不棒啊？"

宝宝："棒！"

妈妈："你的同学都能像你这样吃饭吗？"

宝宝摇头。

妈妈："所以你吃饭比很多小朋友都棒。是不是？"

宝宝用力地点头。

妈妈："看到不能像你一样吃饭的小朋友时，宝宝教教他们，好不好？"

宝宝:"好!"

妈妈:"你明天去保育院看到这样的小朋友,要多帮助他们,好吗?"

宝宝:"好的。"

这些话语让宝宝自信了很多。在提到去保育院的时候,宝宝没有那么反感了。

接下来的时间里,每当宝宝回到家,妈妈都会问宝宝今天有没有帮助其他小朋友,以及帮他们做什么了。宝宝会和妈妈一起聊保育院里发生的好玩的事,聊天的时候情绪很好。到了月末,情况更好了,宝宝放学后总是不愿意离开,要玩很久。后来她还告诉妈妈,她有了一个好朋友。

分析与建议:

宝宝妈妈在帮助宝宝进行环境适应时做了很多努力,如提前观摩环境、熟悉保育院的工作人员等。但因为宝宝入托的特殊性,她的做法没有完全解决宝宝的入托适应问题。分析原因后,妈妈转变了思路。宝宝不是因为不熟悉环境而产生了不适,而是因为在人际交往中产生了挫败感。

环境不仅包括物质环境,还包括人际环境。良好的人际环境的建立需要人与人之间的积极互动。婴幼儿的互动就在吃喝拉撒中进行着。当婴幼儿的自我服务能力较强时,他们在互动中往往就会处于主动地位,会在同伴间获得存在感,从而适应环境。所以抚养者在进行环境适应教育时不能忽视婴幼儿生活适应能力的培养。

案例

失去好奇心的宝宝

宝宝出生后妈妈很少带他出门,因为"雾霾出现了"。偶尔天气好的时候,妈妈就抱着宝宝去小区花园里转一转,但看着什么地方都不太干净,坐下之前会反复用纸巾擦拭座椅。妈妈觉得商场、游乐场更不能去,人群太密集,细菌、病菌得有多少啊!妈妈每天对各种事情都不放心,奶奶洗过的奶瓶她要自己再消一下毒。慢慢地,宝宝对周围的事物失去了一开始的好奇心,每天都按照妈妈的安排安安静静地在家里玩耍,眼睛都不会"放光"了。

分析与建议：

妈妈明显保护过度了，并将自己的生活焦虑通过言行举止传递给了宝宝，影响了宝宝的社会化。

我们不能忽视环境中不利于婴幼儿身体健康的因素，但是也不能将注意力只放在身体健康上。婴幼儿的心理健康同样重要，良好的社会适应能力就是心理健康的标志之一。此外，抚养者要明白，婴幼儿总有一天会长大，会走出家门、走向社会。正确的做法是让婴幼儿知道外界有哪些不安全因素，以及面对这些不安全因素时应采取什么方法。

学习检测

1. 社会适应的定义是什么？包含哪些类型？
2. 生活适应的内容有哪些？
3. 环境适应的内容有哪些？
4. 如何培养婴幼儿良好的进餐习惯？
5. 如何科学地对婴幼儿进行如厕训练？
6. 如何全面进行0～3岁婴幼儿社会适应的教育？

分享讨论

1. 材料：宝宝的父母工作非常忙碌，所以他平时都是和爷爷奶奶生活在一起的。爷爷奶奶觉得宝宝没有父母的陪伴，所以对他关爱备至。宝宝3岁要入园了，吃饭还得奶奶喂，晚上要摸着爷爷的鼻子才能入睡。

问题：你如何看待这种现象？

2. 材料：妈妈A的宝宝刚刚出生，她就开始咨询各种婴幼儿入托入园的问题，周围人都说她太着急了，不必这么早就考虑这个问题。

问题：请从专业人员的角度解释妈妈A的这种行为，并给出建议。

实践体验

1. 观察记录2～3岁婴幼儿睡眠、进餐、如厕、盥洗和穿戴行为的发展。

要求：在实习时，随机选择保育院中该年龄段的幼儿一名，在一日生活中观察其睡眠、进餐、如厕、盥洗和穿戴行为，记录行为时间、行为方式、有无教师指导、指导策略、最终结果，并利用所学知识对记录结果进行解读。

2. 访谈：了解保教机构在婴幼儿环境适应教育中的举措。

要求：随机选择一所保育院或有托班的保教机构，对管理者进行访谈。访谈内容：该机构在解决0～3岁婴幼儿环境适应问题中做了哪些方面的工作？效果如何？

3. 为托班幼儿设计一个以"生活适应"为主题的教育活动方案。

单元六　0~3岁婴幼儿情感与社会性发展问题及干预

导言

　　0~3岁婴幼儿情感与社会性发展过程中可能会出现很多问题，其中特别困扰抚养者和照护者的就是如何处理婴幼儿的分离焦虑和攻击性行为。本单元将从三个方面来说明这两个问题，为抚养者和照护者正确理解这两种行为并做出科学的育儿决策提供帮助。第一方面系统讲述0~3岁婴幼儿情感与社会性发展中常见的分离焦虑现象和攻击性行为，主要从其含义、类型、产生的原因与影响因素等方面进行讲解；第二方面针对这两个问题产生的原因及影响因素分析其干预办法；第三方面呈现在保教机构和家庭中婴幼儿分离焦虑与攻击性行为的教育案例，以便于学生更好地掌握相应的教育技能。

学习目标

1. 了解婴幼儿分离焦虑的含义及类型。
2. 掌握婴幼儿分离焦虑产生的原因，并明确其干预办法。
3. 了解婴幼儿攻击性行为的含义及类型。
4. 掌握婴幼儿攻击性行为的影响因素，并学会干预与处理攻击性行为的策略。

🌐**知识导览**

单元六　0～3岁婴幼儿情感与社会性发展问题及干预

任务一　0～3岁婴幼儿分离焦虑及其疏导
- 婴幼儿分离焦虑概述
- 婴幼儿分离焦虑的疏导
- 教育案例

任务二　0～3岁婴幼儿攻击性行为及其干预
- 婴幼儿攻击性行为概述
- 婴幼儿攻击性行为的干预
- 教育案例

任务一　0～3岁婴幼儿分离焦虑及其疏导

焦虑是个体因对亲人或自己的生命安全等问题的过度担心而产生的一种烦躁情绪，其中包含着急、挂念、忧愁、紧张、恐慌、不安等成分，与危急情况和难以预测、难以应付的事件有关。境况好转，焦虑就可能解除。焦虑会对人的精神及身体产生很多不良影响，所以了解婴幼儿焦虑与焦虑的干预策略，有助于使婴幼儿建立安全感，增强其探索周围世界、与人交往的信心。婴幼儿焦虑主要是婴幼儿分离焦虑。

一、婴幼儿分离焦虑概述

（一）分离焦虑的含义

分离焦虑指的是婴幼儿在与其依恋对象（父母或者其他抚养者）分离的时候，出现的极度的焦虑反应。具体表现为当婴幼儿即将与依恋对象分离时，他们常常哭闹、挣扎不安，不与其他人玩耍，甚至不吃不喝（症状一般超过两周）。部分婴幼儿还会出现恶心、呕吐、头痛、腹痛等症状，如果严重的话，可持续几个月甚至几年。

婴幼儿分离焦虑的发展也是有过程的。在出生后的前半年，婴儿在抚养者停止和他玩或者离开时，他可能会哭。现在有一些研究证据表明，当抚养者离开时，2个月的婴儿就会激动、不高兴。在开始的几个月里，婴儿的哭往往是由与一个人的愉快交往的终止带来的。这时，如果有另外一个人来跟他玩，婴儿就能很快接受他并安静下来。但是，6个月后，婴儿的反应明显不同于前半年：婴儿明显地、更多地抗拒特定个体——一般为所依恋的对象，主要是抚养者的离开。当抚养者离开时，他们会非常不高兴、哭闹、不安。同时，他们不愿意再接受他人的替代。这是婴儿社会性发展上的一个很大的转折。

习性学理论的代表人物鲍尔比认为，婴幼儿面临的许多情境实际都蕴含着自然的危险信号。在人类的进化过程中，这些情境频繁地与危险联系在一起，使得人类对于它们的恐惧成为一种具有生物基础的自发反应。一旦婴幼儿有能力将熟悉的事物和不熟悉的事物加以区分，在与熟悉的抚养者分离的时候，婴幼儿就会本能地对陌生的面孔、陌生的环境感到恐惧。

按照习性学依恋理论，怯生和分离焦虑的产生，是婴幼儿依恋产生的标志，即婴幼儿的陌生人焦虑和分离焦虑都是与婴幼儿的依恋息息相关的。对抚养者产生依恋情感的婴幼儿，在与抚养者分离的时候，会因为感到失去依靠和安全感而产生恐惧及紧张的情绪，对陌生的环境（保教机构）、陌生的人（照护者或新的同伴）感到焦虑。根据艾思沃斯的研究，对于那些很少与其抚养者分离的婴幼儿而言，任何分离都是很陌生和恐惧的。

鲍尔比通过观察把婴幼儿的分离焦虑分为三个阶段。

反抗阶段——号啕大哭，又踢又闹。反抗阶段一般是婴幼儿分离焦虑产生的初始阶段。处于这个阶段的婴幼儿往往极度反抗，在意识到即将与抚养者分离的时候，会号啕大哭，甚至又踢又闹，连抚养者的话都听不进去。

失望阶段——仍然哭泣，断断续续，吵闹动作减少，不理睬他人，表情迟钝。经历了反抗阶段，婴幼儿的分离焦虑症状将会明显减轻，婴幼儿会进入失望阶段。处于这个阶段的婴幼儿虽然仍然哭泣，但是已经不像之前表现得那么剧烈，并且吵闹的频率明显降低，往往会不理睬他人，表情迟钝。

超脱阶段——正常活动，偶有情绪。随着时间的推移，婴幼儿的分离焦虑会进入超脱阶段。他们将会逐渐接受他人的照料，开始正常的活动，如吃东西、玩玩具等，对于抚养者的离开也能够慢慢地接受。但是即便是这样，当重新看见抚养者时，他们又会出现悲伤的情绪。

（二）分离焦虑产生的原因

国内外针对婴幼儿分离焦虑产生原因的研究有很多，分析角度各不相同。普遍的观点是分离焦虑产生于依恋对象的离开。依恋是婴幼儿与抚养者之间形成的一种情感联结。20世纪90年代以来，人们注重从环境与遗传等多个角度来探讨分离焦虑产生的原因。例如，费根（Feigon）等人的研究发现遗传对女孩分离焦虑的影响比男孩大；托波尔斯基（Topolski）等人发现婴幼儿分离焦虑的性别差异不显著，共同环境因素对分离焦虑的影响也不大。肯德勒（Kendler）等人通过研究发现焦虑有一定的遗传基础，尽管它不是特别显著。我国学者朱立新则提出，分离焦虑是婴幼儿对陌生环境和陌生人感到害怕的反应。[1]对此，习性学理论认为，分离焦虑是相对复杂的情感反应，其中包括了个体对不熟悉事物的一般性恐惧焦虑。认知发展学理论认为，分离焦虑是婴幼儿认知发展的自然产物。以皮亚杰的理论为基础，也有学者提出，分离焦虑是婴幼儿在社会性发展过程中出现的倒退现象。更多的研究表明婴幼儿分离焦虑产生的原因错综复杂，是多种因素相互作用的结果。

---

[1]   翁玉婷、王云霞：《儿童分离性焦虑障碍的研究述评》，载《中国校外教育》，2011（8）。

综合各家观点，婴幼儿产生分离焦虑的原因与婴幼儿自身、环境、他人都密切相关。可以将婴幼儿分离焦虑产生的原因分为以下几个方面。

1. 婴幼儿自身的气质与生活经验

研究证明，在入托之前有与抚养者分离经验的婴幼儿比较容易适应保教机构的生活。性格外向、活泼大胆的婴幼儿要比那些性格内向、安静胆小的婴幼儿更容易适应保教机构的生活。

2. 环境的巨大变化

婴幼儿从家庭进入保教机构后，环境有了巨大的改变，这一时期被称为"心理断乳期"。

（1）生活规律和生活习惯的改变

保教机构有相对固定的一日生活作息表，例如，进餐、盥洗、游戏、睡眠都有相对固定的时间，而婴幼儿在家中的生活规律并不一定与此相符。有的家庭中生活作息比较随意，一切以婴幼儿的意愿为中心；有的婴幼儿甚至有一些不良的生活规律和习惯，如不吃正餐、不睡午觉、晚上晚睡等。根据调查，一些婴幼儿就是因为怕在保教机构中睡午觉而不愿意入托。因此，在入托之初，一些婴幼儿不习惯规律化的生活制度。此外，保教机构的饮食和饮水也和家中不同。一些婴幼儿在家中养成了挑食、偏食的不良饮食习惯，到保教机构后不愿意吃一些食物。有的婴幼儿在家中从来不喝白开水，而保教机构提供的饮用水基本都是白开水。

（2）照护者与婴幼儿的关系

婴幼儿入托之初，见到的照护者和同伴是陌生的，这容易使他们感到不安全。由于保教机构实行的是集体教育，一位照护者负责照顾多名婴幼儿，这和婴幼儿在家中的环境有着天壤之别。婴幼儿不可能像在家里一样得到一对一甚至几对一的无微不至的关怀和照顾。许多婴幼儿在家中睡觉时需要抚养者陪伴和哄睡，而在保教机构则需自主入睡。婴幼儿在入托之初感觉失去了亲情。此外，婴幼儿在保教机构不可避免地会处于一种竞争的环境之中，例如，如何获得照护者对自己的注意和关怀，如何占据自己喜欢的玩具等。因此，一些婴幼儿在入托之初会感到不知所措。

（3）陌生的环境

当婴幼儿初次踏入活动室时，活动室的环境对他们来讲是陌生的和新鲜的。无论是桌椅的摆放还是盥洗室的设备等都与家中不同。这使婴幼儿感到好奇和新鲜，同时也会引起他们的恐慌和不安。例如，有的婴幼儿在家中大便时使用坐式的尿盆或者抽水马桶，而保教机构的如果是蹲式的，就会让婴幼儿感到不适应而引起心理上的压力。

（4）要求的提高

在保教机构中，照护者要求婴幼儿具备一定的自理能力，包括自己吃饭、自己穿脱衣裤、自己上床睡觉、能控制大小便、遵守一定的规则等。这些要求都可能使婴幼儿感到一种挑战和压力。

3. 家庭的因素

家庭的教养方式是婴幼儿入托后适应快慢的一个重要影响因素。实践证明，平时不娇惯婴幼儿，并注重独立能力的培养，鼓励婴幼儿探索新环境和与新同伴一起玩的家庭，其婴幼儿入托的适应期较短，情绪问题也较少。而那些习惯包办代替的家庭中的婴幼儿则需要较长的适应期。甚至有一些婴幼儿会出现生理上的问题。例如，有的婴幼儿会因过分哭闹而出现夜惊、梦魇或者腹泻等问题，也就是说，情绪上的反应引起了身体的不适。

（三）分离焦虑对婴幼儿发展的影响

婴幼儿在抚养者离开或者自己进入一个新的环境时都会出现焦虑的情况，但是如果焦虑情绪出现频繁且持续时间较长、反应强烈的话，就会对婴幼儿的成长和正常的生活造成不良影响。

1. 使婴幼儿无法正常入托或入园

有分离焦虑的婴幼儿往往比其他婴幼儿难以适应保教机构的生活。他们在保教机构中感到焦虑、惶恐。有的婴幼儿只好退学。

2. 影响婴幼儿的正常社会交往

入托是婴幼儿进行社会交往的第一步。分离焦虑使得婴幼儿难以融入保教机构的集体生活中，难以与同龄婴幼儿一起玩耍，严重影响婴幼儿社会交往能力尤其是同伴交往能力的发展。

3. 影响婴幼儿自信心的建立

分离焦虑使得婴幼儿无法与同伴玩耍、交流，会导致婴幼儿的自信心严重不足。

4. 影响婴幼儿智力的发育

保教机构是社会的组成部分，同时也是社会的缩影。分离焦虑使得婴幼儿难以适应保教机构的生活，对其创造力等各方面的发育也会造成严重的阻滞。

二、婴幼儿分离焦虑的疏导

为了尽快稳定新入托婴幼儿的情绪，帮助他们顺利度过入托焦虑期，适应新的生活和环境，保证正常的教育尽快开展，婴幼儿入托教育应该做好以下几项工作。

（一）有意识地减少因环境变化而产生的变化，家园配合，加强婴幼儿入托的准备工作

婴幼儿入托准备工作需要保教机构及家庭互相交流、接纳。

1. 家庭配合保教机构调整作息，同时使婴幼儿熟悉保教机构的环境

进入保教机构是婴幼儿第一次步入较正规的集体生活环境，对培养婴幼儿的社会适应能力起关键作用。师幼关系和班级气氛会对婴幼儿心理产生很大的影响，其中照护者是关键。在婴幼儿入托前，抚养者可以有意识地多带婴幼儿到保教机构，熟悉其周围环境，让他们观察保教机构里其他婴幼儿的游戏活动等。抚养者还可以放手让婴幼儿玩，让照护者抱一抱婴幼儿，让婴幼儿熟悉新的声音，使他们喜欢上保教机构及保教机构里的照护者和同伴。照护者要主动、热情接待新入托的婴幼儿，抱一抱，问一问，叫一叫他们的小名，表示出对婴幼儿的喜爱，让婴幼儿感到温暖、安全。总之，照护者要用一颗爱心去温暖婴幼儿的心，在生活上关心照顾他们，在精神上支持帮助他们，使他们感到照护者像抚养者一样可亲可爱。

北京师范大学陈帼眉教授指出，婴幼儿在家的生活习惯与作息制度以及婴幼儿独立的生活能力，也影响婴幼儿的分离焦虑。婴幼儿依恋抚养者，在很大程度上是由于抚养者能满足他们生理上的需要，如吃、喝、拉、撒。正因为如此，婴幼儿逐渐地产生了依恋抚养者的情感。所以在婴幼儿入托前，抚养者应该给予婴幼儿生活技能上的指导。例如，要求他坐在桌子旁自己吃饭，不能在吃饭时随意走动；指导婴幼儿试着在大小便前后自己脱提裤子，自己洗手，自己睡觉，认识自己的物品等；有意识地培养婴幼儿的独立性，培养他们简单的生活自理能力，使婴幼儿感觉到自己长大了，而不是一个什么都不会的"小宝宝"了。

2. 保教机构配合家庭，了解婴幼儿的个体发展规律，传递科学育儿知识

本着相互尊重、因材施教、适度要求、双向反馈等原则，加强家园合作。保教机构要与家庭密切联系，了解婴幼儿的个性和生活习惯，从而进行正确的指导。这就要求保教机构重视家访，消除婴幼儿对照护者的陌生感。照护者也可以了解婴幼儿的个性特点和生活习惯，以便于以后因人施教。抚养者也应主动配合保教机构，改变婴幼儿家庭生活的随意性，制定与保教机构相仿的作息制度，培养婴幼儿良好的生活卫生习惯，提高婴幼儿的人际交往技能等，缩小家园生活的差异，使婴幼儿更适应保教机构的生活，缓解婴幼儿的分离焦虑。保教机构还可通过家长会、家长座谈会、家长开放日、宣传栏、家园联系园地和微信群等，为抚养者普及科学育儿知识。总之，妥善解决婴幼儿入托问题，不仅可以使保教机构迅速

建立正常的生活学习秩序，开展教育活动，而且能使婴幼儿的生理和心理在新环境中稳定向前发展。

（二）建立良好的师幼交往关系

师幼交往在保教机构的教育活动中是一种重要的交往类型。能否建立良好的师幼交往关系直接影响着婴幼儿身心的发展。师幼间的交往关系有三种形式：俯视式、平视式和仰视式。在俯视式的师幼交往中，面对婴幼儿因不适应而表现出来的行为，如哭闹、沉默、反应迟钝等，照护者更多采取的是强制、批评等措施，以致婴幼儿适应保教机构的时间延长，对缓解婴幼儿焦虑是极其不利的；平视式的师幼交往体现的是一种对话关系。照护者所表现出来的是倾听、理解和包容，同时婴幼儿有更多的表达自己、发展自己的空间。如此，婴幼儿不仅能很快地适应保教机构，还能在日常生活和游戏中发现自我、实现自我。仰视式的师幼交往更多地体现为照护者对婴幼儿的关怀无微不至，虽然在较短时间内对缓解分离焦虑很有帮助，但对婴幼儿的长远发展不利，影响婴幼儿独立性的发展。

因此，要充分发挥照护者的主观能动性。首先，扩大婴幼儿的社会交往范围，创设条件以促进婴幼儿与同伴的交流，帮助婴幼儿建立良好的同伴关系，以减少婴幼儿对抚养者的依恋；其次，对婴幼儿给予爱与关心，建立师幼信任感，形成新的依恋关系；再次，在一日生活常规中宽严并举，多鼓励、表扬，适当批评，坚持引导和启发的原则，正面教育，以培养婴幼儿的独立性与良好的生活习惯；最后，组织丰富多彩的游戏活动，转移婴幼儿的注意力，减轻分离焦虑。

（三）设计丰富多彩并富有教育意义的游戏活动，运用文艺作品陶冶婴幼儿性情，树立学习榜样

游戏是婴幼儿独特的、基本的活动形式。有些心理学家把游戏称为婴幼儿的"主导活动"。我国的儿童教育家陈鹤琴先生也曾说过：小孩子是生来好动的，是以游戏为生命的。这是因为游戏在婴幼儿生活中确实具有极其重要的意义。它与机能的快感相联系，可缓解紧张状态，给婴幼儿带来乐趣。因此，入托之初，照护者可设计一些新颖的、有趣的游戏活动。这不仅能消除婴幼儿相互之间以及婴幼儿与照护者之间的陌生感和恐惧感，缓解婴幼儿的分离焦虑，而且可以使婴幼儿对新环境产生新鲜感。这种方法对情绪波动型的婴幼儿最为有效。

此外，文艺活动是富有感染力的、婴幼儿喜爱的活动形式之一。艺术作品欣赏和文艺表演会使婴幼儿从中得到启发与陶冶。故事《高高兴兴上幼儿园》、诗歌《幼儿园里朋友多》、歌曲《我爱我的幼儿园》等文艺作品都是可以让婴幼儿从中

受到教育和启发的作品。

拓展学习

　　移情是缓解幼儿入托焦虑的一种方法。下面这个故事便很适合抚养者讲给对去托育机构仍有一些抵触的小朋友听。

图画书故事《高高兴兴上幼儿园》

　　今天，幼儿园开学了。小白兔起得特别早，他笑眯眯的，高高兴兴地上幼儿园。他走着走着，忽然听见后面有人在叫："嘎嘎嘎，嘎嘎嘎。"小白兔回头一看，噢，原来是小鸭子。小鸭子笑眯眯的，身子一摇一摆地走过来。小白兔问："你早！你上哪儿去？"小鸭子说："我上幼儿园！"两个好朋友，手拉手，高高兴兴地上幼儿园。他们走呀走呀，忽然听见后面谁在叫："喵喵——喵喵——"他们回头一看，噢，原来是小花猫。"你早！你上哪儿去？"他俩一齐问。小花猫说："我上幼儿园！"三个好朋友手拉手，高高兴兴地上幼儿园。

（四）形成权威型的家庭教养方式

　　基于美国心理学家鲍姆林德的研究结果以及麦考贝和玛丁的完善，并立足于实际，我们发现，权威型家庭的婴幼儿进入保教机构之前基本学会了穿脱衣服、独立就餐等生活常规，并能很快适应保教机构的生活。基于此，为缓解婴幼儿的分离焦虑，抚养者需要做到：一方面，给予合理的爱，提出适当的要求，积极评价和悦纳婴幼儿，形成权威型的教养方式；另一方面，隐藏自己的分离焦虑，在婴幼儿面前要表现得冷静、乐观，多让婴幼儿感受事情的积极面。

（五）针对婴幼儿的个性特点进行差异化的教养

　　既然婴幼儿的个性特点和所受的教育与环境各异，以至于他们的分离焦虑表现各不相同，那么，照护者应该根据婴幼儿各自的特点对症下药。例如，针对情绪暴躁型的婴幼儿，照护者可采用冷处理的方法。他急的时候，照护者不要急，可把他放在一边，拿几样玩具给他，待他情绪平静下来之后再用亲切的语言在全班婴幼儿面前表扬他。又如，针对情绪波动型的婴幼儿，照护者要让其有事干，不停地给他新的刺激，让他参加不同的游戏活动，以保持他对新环境的好奇心、新鲜感。

　　榜样是最好的老师。对那些哭闹不休的婴幼儿，照护者要坚持正面引导。有些婴幼儿为了得到照护者的夸奖，会停止哭泣。这时照护者应该循循善诱、循序渐进，使他们尽快适应新的环境、新的生活。

新入托婴幼儿哭闹、情绪不稳定是普遍存在的，但怎样尽量让婴幼儿较快地稳定情绪、消除焦虑而愉快地进入保教机构呢？《幼儿园教育指导纲要（试行）》指出："幼儿园必须把保护幼儿的生命和促进幼儿的健康放在工作的首位。树立正确的健康观念，在重视幼儿身体健康的同时，要高度重视幼儿的心理健康。"针对幼儿发育迅速但还未完善的生理特点、单纯天真但容易受到伤害的心理特点，以及活泼好动但自我保护意识与能力缺乏的活动特点等，我们更应该将幼儿健康置于保教机构工作的首位，强调"身心并重"。这样，婴幼儿才会很快适应保教机构的集体生活，愉快地生活、游戏、成长。

三、教育案例

随着心理学、教育学研究的发展，保教机构的专业人员对婴幼儿分离焦虑问题的处理，基本上能够做到观念正确、方法科学。但是这一问题仍然未得到彻底解决，主要原因是家庭在理解和应对婴幼儿不良情绪时缺乏指导，加剧了婴幼儿的分离焦虑。

案例

爱发脾气的女儿

宁宝10个月的时候和妈妈分离，由老人在老家代养。现在宁宝即将3岁，这期间，断断续续和妈妈在一起生活过一段时间，但总有各种原因，不得不被带回老家。现在宁宝要上幼儿园了，妈妈发现她的情绪波动越来越明显，一有不如意之处就用哭的方式来表达，有时候还摔打玩具，甚至打人。

有一次在搭建乐高玩具时，乐高突然倒塌，随即她就开始发脾气。妈妈安慰她并表示和她一起搭，可是她不让，还要自己继续搭，但总是搭建不好，于是就不停地发脾气、哭闹，最后将材料全都扔掉。

为此，妈妈经常教育宁宝，不能急躁，有问题好好说。妈妈还买了很多教育方面的书。宁宝还是比较爱看书的，但效果还是不太明显。所以现在妈妈比较苦恼。是因为老人的教育方法不恰当还是因为宁宝在这个年龄段就应该表现出这样的特点？又或者是因为她故意表现给妈妈看？

（本案例由航天华盛幼儿园冯艳提供）

分析与建议：

情绪不稳定的婴幼儿在入托或入园时会产生分离焦虑。案例中的宁宝在日常生活中情绪波动大，爱发脾气。妈妈发现了这一问题，并担心这会影响宁宝的入园适应。她努力通过各种方式试图改变宁宝的情绪问题。这说明妈妈具有一定的育儿知识，并善于观察自己的孩子。同时，我们也能看出这是一个善于思考的妈妈，也是一个行动力很强的妈妈。但是很明显，即便如此，她也没有得到她想要的结果。问题出在哪里？

从妈妈的反思中，我们可以看到她的问题没有得到解决，原因就是：她没有找到宁宝这种表现产生的真正原因。只有追根溯源，才能有效解决问题。建议其从以下几个方面分析原因，然后再一一对照，寻找解决方案。

首先，了解宁宝的气质类型，对症下药，不要一味讲道理。

其次，分析父母及自己与丈夫的日常行为举止是否存在不良示范。

最后，记录宁宝产生这种情绪表现的场景，至少持续一周。分析情绪表现的频率、情绪出现的诱导因素、情绪持续时间。

以此正确判断宁宝的情绪是偶发的还是长期的，是自身性格特点还是外部因素所致，综合分析后确定自己是否需要干预以及如何干预。

任务二　0～3岁婴幼儿攻击性行为及其干预

攻击性行为是心理学尤其是婴幼儿发展心理学长期以来的研究热点之一。自20世纪80年代以来，婴幼儿时期的攻击性行为的认知机制成为研究重点。婴幼儿的攻击性行为是一种比较常见的社会行为，也是婴幼儿社会性发展的一个重要方面。

一、婴幼儿攻击性行为概述

攻击可分为攻击性情绪和攻击性行为两部分。攻击性情绪是指企图伤害别人的内在状态，如愤怒。攻击性情绪不一定都表现出来成为攻击性行为，因为社会规范不允许个体随意表现攻击性情绪和攻击性行为。所以很多时候个体必须学习控制自己的攻击性情绪，并克制其攻击性行为。攻击性行为是指对别人造成伤害的行为，并且是攻击者有意的行为。攻击性行为可能是反社会或利社会的，视攻击性行为是否违反或遵从社会规范而定。

（一）攻击性行为的定义

尽管心理学家与教育学家对攻击性行为的研究已经持续了很长的时间，并且获得了很多的成果，但是不同理论流派对攻击性行为的定义至今仍然存在分歧。

根据解剖学观点，攻击性行为是那些导致对方逃跑或给对方造成伤害的行为或行为模式；根据前提条件定义，攻击是以对行为所指向的人造成伤害为目标的行为；根据行为后果定义，攻击是指导致另一个个体受到伤害的行为；根据社会判断定义，攻击实际上是人们根据行为和行为本身的特性而对某些伤害行为做出的一种判断。

综合上述多种理论流派的研究成果，攻击性行为具有以下特征：攻击是一种有意的伤害行为；它仅限于对生物体的伤害，而对非生物体的伤害仅仅是一种情绪发泄；被攻击者不愿接受。

攻击性行为的极端形式称为暴力行为，可造成严重伤害甚至危及生命。

（二）攻击性行为的类型

1. 敌意性攻击和工具性攻击

根据攻击的目的可以将攻击性行为分为敌意性攻击和工具性攻击。敌意性攻击是指攻击者专门打击和伤害他人（可以是身体的、口头的或者是破坏他人的工作和财产）。工具性攻击是指攻击者为了获得某件事物而做出抢夺、推搡等动作。这类攻击本身不是为了给被攻击者造成身心伤害，而被看作一种工具或手段，用以达到伤害以外的目的。一个幼儿打另一个幼儿，如果是因为争抢玩具，就是工具性攻击。

2. 直接攻击和间接攻击

根据攻击性行为的主体和客体可以将攻击性行为分为直接攻击和间接攻击。直接攻击是指攻击者直接对他人进行的攻击。间接攻击是指有人借助第三方对他人实施的攻击。

不论直接攻击还是间接攻击，都存在以下攻击形式：身体攻击、言语攻击、社会性攻击和关系攻击。身体攻击是指攻击者通过击打、推搡等方式对他人造成身体损伤或心理不适。言语攻击是指攻击者使用语言给他人带来伤害，如侮辱、嘲笑等。社会性攻击是指攻击者通过言语攻击及伤害性的非言语手势给他人带来伤害，如翻白眼、吐舌头等。关系攻击是指攻击者通过将他人排斥出一定的社会群体，恶意操纵或破坏他们的社会关系，给他人带来伤害。

只有对攻击性行为进行准确的分析，才能找到正确的干预方式。此外，那些主动攻击他人的幼儿应该成为重点矫治对象，因为他们的攻击性行为减少了，被动攻击才会随之减少。

（三）0～3岁婴幼儿攻击性行为的发展特点

实际上，婴幼儿在发展过程中都有不同程度的攻击性行为，这种行为对婴幼儿的身心健康、人格发展与学习进步等具有消极的影响。

1. 1岁出现攻击性行为

关于婴幼儿攻击性行为的发展特点，国内外有很多的研究。20世纪30年代，心理学家通过研究发现，在婴儿出生后的第二年，其与同伴之间的社会性冲突就开始了。1977年，美国心理学家在研究中也得到了相似的结果：12～16个月的幼儿相互之间的行为大约有一半可以被看作破坏性或者冲突性行为。随着年龄的增长，冲突行为呈现下降的趋势。到两岁半，幼儿与同伴之间的冲突性交往只有最初的20%。

2. 攻击性行为发生的频率和时间

1984年，海（Hay）总结前人的研究结果，对婴幼儿冲突行为的发生频率和持续时间做了较为全面的评估，系统研究了20世纪前50年里发表在3个国家有关刊物上的10篇研究婴幼儿冲突行为发展的报告。结果发现，报告中31组婴幼儿（18.4～62月龄）冲突行为发生的频率为每小时5～8次。关于婴幼儿冲突行为的持续时间问题，有人发现，一般持续时间为31秒左右。艾森伯格（Eisenberg）发现，92%的婴幼儿与同伴之间的言语冲突在10个回合左右，66%在5个回合之内。奥凯菲（O'Keefe）和比纳特（Bienert）发现2～5岁幼儿之间的言语冲突持续5个回合左右。[1]

3. 攻击性行为表现形式的变化

20世纪早期的一些学者以言语攻击和身体攻击为区分标准，对婴幼儿攻击性行为表现形式的发展变化进行了研究。结果发现，幼儿在2～4岁时，其攻击形式发展的倾向性是：身体攻击逐渐减少，言语攻击相对增多，以3岁为节点。到3岁为止，幼儿的拍打、踢咬等身体攻击逐渐增多，之后身体攻击逐渐减少，言语攻击增加。其一方面与幼儿言语能力的提高有关，另一方面与抚养者对幼儿的社会期望和社会规则的变化有关。大部分的抚养者和照护者对年龄较大的幼儿的身体攻击比较重视，却忽视言语攻击。

---

① 钱文：《0-3岁儿童社会性发展与教育》，96页，上海，华东师范大学出版社，2014。

4. 婴幼儿时期的攻击性行为已具有一定的社会性

有研究者发现，婴幼儿之间的冲突包含具有社会意义的事件。婴幼儿不仅会因为关心空间和物品问题而发生冲突，还会因为同伴的行为是否违反社会规范等问题而发生争吵。这与大龄幼儿争吵的内容是相似的。因此，尽管婴幼儿之间的冲突可能不具备大龄幼儿和成年人的攻击性行为所具有的全部特征，但是，它们确实具有一定的社会性。

（四）0～3岁婴幼儿攻击性行为的影响因素

影响婴幼儿攻击性行为的因素有很多，主要有以下三个方面。

1. 生物学因素

生物学因素为婴幼儿攻击性行为的产生提供了必要的物质前提。

首先是大脑的协同作用。行为是大脑认知的直接结果，而大脑功能又是认知活动的物质基础。我国学者张倩等人研究发现，具有攻击性行为的婴幼儿与正常婴幼儿相比，大脑两半球均衡性较低，大脑左半球抗干扰能力较差，而右半球完形认知能力较弱，这可能是婴幼儿攻击性行为产生的某些神经心理学基础。其次是情绪唤起水平。[①]心理学家齐尔曼（Zillman）等人的研究证明，一般化非特异性的唤起水平的提高，会直接导致人们攻击性的增加。最后是性激素水平。目前，一些研究证明攻击性行为倾向与雄性激素水平有关。雄性动物在被激怒或者受到威胁时更容易产生攻击性行为，这在一定程度上解释了婴幼儿攻击性行为的性别差异。

此外，基因和气质类型也影响了婴幼儿的攻击性行为。荷兰和美国科学家的研究发现，某些男性身上表现出来的侵略、冲动和暴力可能是由某种微小的基因缺陷引起的。但是，基因并不是婴幼儿攻击性行为产生的决定因素。比较合理的说法是，婴幼儿遗传了某些先天性基因倾向，这种倾向会在后天的环境中得以表现或强化。婴儿的气质类型是各不相同的。困难型婴儿时常大哭大闹，发脾气，适应性差，导致抚养者难以安抚他们。这种气质类型的婴儿在以后更易出现攻击性行为。这是因为困难型婴儿所具有的特点使抚养者在教养过程中容易失去耐心，使抚养者常用规则、要求、惩罚等强制手段来抚养婴儿。这种抚养方式又导致婴儿形成急躁、易怒、反抗等特征，表现出强烈的攻击欲。与其说是困难型气质类型导致攻击性行为，不如说是母婴之间的不良的相互作用更易使幼儿形成攻击性行为。

---

① 魏晓娟、岳慧兰：《儿童攻击性行为的影响因素及预防和矫正》，载《内蒙古师范大学学报（教育科学版）》，2002（4）。

2. 社会环境因素

社会环境因素主要包括家庭因素、保教机构因素和大众传媒等因素。

（1）家庭因素

家庭被认为是儿童社会化过程中最有影响的动因，所以作为婴幼儿社会化重要内容的攻击性行为也是与家庭的影响密切相关的。

家长的教养方式。不同的教养方式会培养出不同的婴幼儿，忽视型、专制型和溺爱型教养方式下长大的婴幼儿呈现出高攻击性。被忽视的婴幼儿常以攻击性行为来获得关注。当婴幼儿偶尔出现攻击性行为时，抚养者如果放任自流而不是加以制止，就会助长婴幼儿攻击性行为的进一步发展。被溺爱的婴幼儿习惯于抚养者满足其各种要求，习惯于一切事物都围绕着他转，一不如意就会大发脾气，甚至打人。强制型的抚养者对婴幼儿非常严格。一旦婴幼儿的行为不符合规则，抚养者就会表现出自己的愤怒和不亲切。他们很少考虑婴幼儿正常的心理需求。经常拒绝和排斥婴幼儿会引发婴幼儿的挫折感，导致其产生攻击性行为。婴幼儿或者攻击抚养者，或者攻击同伴，以便发泄心中长期积郁的不满。

家庭氛围。在父母经常争吵、互相挑剔、关系不和的家庭环境中成长的婴幼儿，容易出现情绪困扰和行为问题，包括攻击性行为，如与同伴打架、攻击欲望特别强烈等。这部分婴幼儿之所以具有攻击性，很大程度上是因为他们要宣泄自己受家庭氛围影响所产生的不良情绪。

家长的示范作用。社会学习理论认为，攻击性行为是婴幼儿观察和模仿的结果。0~3岁婴幼儿的大部分时间是与主要抚养者一起度过的，而主要抚养者的言行在潜移默化中被婴幼儿模仿与学习。主要抚养者之间的打骂，以及抚养者打骂式的教养行为都是婴幼儿模仿和学习的不良对象。

（2）保教机构因素

保教机构是婴幼儿接触并适应另一种生活方式的重要场所。照护者和同伴是影响婴幼儿社会化的重要因素。婴幼儿的攻击性行为是与保教机构里各种因素的影响分不开的。

照护者。入托后，婴幼儿白天的时间都是和照护者共同度过的。照护者的教育观念、教育行为等都会影响婴幼儿攻击性行为的产生和发展。如果照护者在安排教育活动时能够充分考虑到不同月龄段婴幼儿的身心发展特点与需求，就能减少或避免婴幼儿之间的冲突。照护者应具有科学的儿童观，平等对待每一个婴幼儿。照护者对婴幼儿的评价应该是积极公正的。当照护者把婴幼儿评为"差孩子"，便挫伤了他们的自尊心、自信心，使他们处于失败和困境中，有可能引起婴幼儿的攻击性行为。有的照护者对待有攻击性的婴幼儿时较多地运用惩罚，但过多的惩罚会引起婴幼儿的逆反心理，从而进一步加强他的攻击性。

同伴。同伴之间的相互作用促进了婴幼儿社会行为的发展。婴幼儿通过模仿同伴学习一种行为模式。当婴幼儿通过攻击别人达到了某种目的而没有受到惩罚时，其他的婴幼儿看到也会去模仿这种行为。"榜样"的作用是引发婴幼儿攻击性行为的一个重要因素。另外，如果婴幼儿在同伴群体中的地位较低，经常遭受其他婴幼儿的嘲弄和奚落，他就有可能进行报复性攻击。但如果婴幼儿位于核心地位，他就有可能自恃强大而去攻击别人。

保教机构的物质条件。争夺物品和空间是婴幼儿在保教机构产生攻击性行为最主要的起因。因此，当保教机构玩具数量不充足、活动场地狭小时，婴幼儿就会为拥有某个玩具、某块场地而进行争夺，从而产生攻击性行为。

（3）大众传媒因素

随着电视和网络尤其是网络的普及，各种电子设备已成为幼儿生活中不可缺少的部分。它们既是婴幼儿观察学习的课堂，但同时也带来了明显的负面影响，尤其是某些婴幼儿影视节目的质量令人担忧。研究已经证实，观察电视上的攻击性"榜样"能增加婴幼儿的攻击性行为，过多的电视暴力会影响婴幼儿的态度。他们会将暴力行为看作解决问题的有效途径，于是会模仿电视中的暴力行为而可能在现实生活中加以运用。大众传媒中的暴力传播会引发或增加婴幼儿的攻击性行为。

3. 个体认知发展水平

近年来的研究表明，认知水平在婴幼儿的攻击性行为中起着重要的中介和调节作用。婴幼儿对伤害情境中他人意图的知觉及归因决定着婴幼儿是否发动和实施攻击性行为。在面对一个意图不明的消极结果时，攻击性婴幼儿容易把它归因为同伴的敌意，于是便对同伴实施侵略。非攻击性婴幼儿在面对这样一个情境时，往往归因于同伴的无意，也就不会产生攻击性行为。攻击性婴幼儿在对事件线索的利用上存在着一种偏见，往往将无意的行为归因为有意的行为。

婴幼儿的攻击性行为与其所处的年龄阶段有关。婴幼儿自我意识增强，有强烈的表现欲望。为了显示自己的力量，他们容易发起攻击性行为。另外，在心理发展水平上，婴幼儿正处于自我中心阶段，他们不能站在别人的立场上去考虑问题，会为了得到某种东西而去攻击别人，但不能考虑到别人为此遭受到的痛苦。

此外，社会性发展水平也影响着婴幼儿的攻击性行为，如婴幼儿的道德发展水平、自我控制能力、社会交往技能和个体固有经验。研究表明，道德发展水平越高，婴幼儿就越容易从他人的立场感受和思考问题，行为也就越趋近于与攻击性行为相反的亲社会行为。当用特定的实验条件使个体的自我意识和控制水平下降时，攻击性行为就会明显增加。与受欢迎的婴幼儿相比，攻击性婴幼儿针对冲突性社会情境问题的解决办法较少，社交技能相对缺乏，很容易受到同伴的排斥，这使得攻击性婴幼儿对来自同伴的信息做出错误的归因，认为别人对自己不友好，会用频繁的攻击手段进行回应。身体遭受虐待的经历教会了婴幼儿攻击性行为，并且使其把攻击性行为当作亲密关系的一种规范。婴幼儿时期的受虐待经历与其将来的攻击性行为和暴力倾向有关。

二、婴幼儿攻击性行为的干预

攻击性行为的发展影响婴幼儿人格和品德的发展，也是个体社会性发展的一个重要指标。偶尔出现的攻击性行为是正常的，但是如果攻击性行为不断出现，就会造成婴幼儿个体发展的某方面缺陷，从而容易导致婴幼儿形成反社会的生活行为模式。

（一）为婴幼儿提供一个良好的生活环境

1. 创设和谐、稳定的家庭环境

这种家庭环境创设的关键在于抚养者。首先，抚养者之间要互敬互爱，不要为一点小事而发生激烈的冲突，尤其是面对婴幼儿时，即使有矛盾，也不要互相攻击、指责。其次，抚养者要采取合理的教养方式，对婴幼儿既不能进行高压控制，也不能纵容、溺爱，一定要先爱和尊重孩子，然后再去严格要求他们。尤其是当他们受到别人欺负时，不要灌输"以牙还牙"的报复思想。比如，有的抚养者会对受了欺负的孩子说："他打你，你也打他。"这种教育方式会使婴幼儿认为报复性地攻击别人是合理的，这对他们来说有百害而无一益。

2. 创设温暖、有爱的婴幼儿集体生活环境

这种环境创设的关键在于照护者。照护者要真诚地去爱每一个孩子，不要动辄批评、呵斥；要关心、尊重每一个孩子，给予他们合理、公正的评价；要创设一个温暖的集体，教育他们关心、爱护别人，形成融洽的集体氛围。融洽的集体氛围，不仅可以增强集体的凝聚力，也可以使集体中的每个成员都生活得更加愉快、充实，有安全感，从而消除不良行为或使不良行为减少。

（二）修正婴幼儿认知，积极干预婴幼儿的攻击性行为

1. 提高婴幼儿的社会认知水平，培养婴幼儿的亲社会行为

在日常生活中，当婴幼儿做出互助、分享等亲社会行为时，抚养者要及时表扬和鼓励，培养婴幼儿的利他行为，使婴幼儿在一个有可能引起攻击性行为的环境中，如缺少玩具、游戏空间狭小时而自觉做出一些利他行为，从而避免攻击性行为的产生。许多研究已证明，培养婴幼儿的亲社会行为，可以有效减少婴幼儿攻击性行为的产生。

2. 提高婴幼儿的移情能力

移情是对他人状态的一种替代性的情感体验和反应，是一种重复的社会性情感能力。婴幼儿缺乏移情能力。婴幼儿在攻击别人时，很难体会到他人所遭受的痛苦，也很难会产生内疚感。所以抚养者和照护者可以通过培养婴幼儿的移情能力来减少攻击性行为。当婴幼儿出现攻击性行为时，要让他们认识到他们所造成的严重危害。婴幼儿了解了他们所造成的后果后，会产生内疚感。这种内疚感会使婴幼儿在以后的场合中减少攻击性行为。

3. 提高婴幼儿的社会交往技能

具有攻击性的婴幼儿在同伴间的社交地位较低，不易为同伴所接纳。具有攻击性的婴幼儿在解决一些社会问题如参与同伴的游戏时，常会因所采用的策略不恰当而遭到同伴的拒绝。同伴的拒绝会引发攻击性婴幼儿的攻击性行为，所以抚养者和照护者要教给婴幼儿一些社会交往方法并鼓励其与同伴交往，通过提高婴幼儿的社交技能来减少攻击性行为。例如，当玩具数量不多时，可以让婴幼儿采取"你先玩，我后玩"的轮流方式，从而博得同伴的好感；当婴幼儿有好玩的玩具时，可以让他与别人一同玩耍、分享；当同伴有困难时教育婴幼儿要积极主动地去帮助同伴，以获得同伴的信任；当婴幼儿想参加同伴的游戏时，教他用礼貌的请求用语"我可以和你一起玩吗"来达到目的。攻击性婴幼儿的社交技能提高后，容易融入同伴群体之中，而同伴广泛的接纳能减少婴幼儿的攻击性行为。

照护者要善于发现攻击性婴幼儿身上的闪光点，当他们有好的举动时，要及时在全班婴幼儿面前表扬他们，从而提高攻击性婴幼儿在同伴中的社交地位。攻击性婴幼儿社交地位的提高使他们不易遭到同伴的拒绝，也就能有效减少攻击性行为的产生。

4. 指导幼儿正确观看电视、网络节目

许多研究和实践证明，电视、网络节目中的暴力行为可以引发婴幼儿的攻击性行为，所以抚养者和照护者一定要指导幼儿正确地观看电视、网络节目。首先，

要为幼儿选择一些富有知识性和趣味性的节目。其次，要陪着幼儿一起观看电视、网络节目并严格控制观看时间，同时可以与幼儿一起讨论电视、网络节目反映出的问题，引导他们分清是非、美丑、善恶，使他们知道应该学习哪些行为，不应该学习哪些行为。抚养者一定不能把幼儿放在电脑、电视或手机前面后就不管不问了，因为他们分辨是非能力较差，易把电视上的暴力行为当作勇敢的行为而加以模仿。最后，还要为幼儿提供一些书籍、乐器及其他娱乐用品，减少他们看电视、电脑和手机的时间，其中书籍可以起到电视、网络节目不可替代的作用。抚养者在选择玩具时也应少买或者不买带有攻击性的玩具，减少婴幼儿利用这些玩具进行的攻击性行为的模仿。

5. 帮助婴幼儿掌握解决社会性冲突的技能和策略，并注意辅导方式

婴幼儿面临同伴间的冲突时，有时会因缺乏解决冲突的恰当策略而选择攻击性方式。年龄越小的婴幼儿，表现越突出。抚养者和照护者可在婴幼儿的冲突情境中帮助其掌握解决冲突的非攻击性方式，并在婴幼儿自觉地利用这些方式解决冲突时，及时加以表扬、强化。婴幼儿习得并自觉使用非攻击性方式时就会有效地解决社会性冲突，减少和避免攻击性行为。榜样的力量是无穷的，榜样训练法可以有效地减少婴幼儿的攻击性行为。

当婴幼儿出现攻击性行为时，如果抚养者和照护者不制止，就会强化这一行为，所以有必要对婴幼儿的攻击性行为实施合理惩罚。这种惩罚必须是在讲道理的基础上进行的，要让婴幼儿明白为什么要惩罚他。惩罚不能使用暴力手段，如打、骂。抚养者和照护者可以采用"冷处理"的惩罚方式，即在一段时间里，不去理睬他，故意冷落他，让他认识到错误，给他们自我反省的机会和时间。惩罚还可以有另外一些有效方式，如不让他们玩自己喜欢的玩具，不带他们去喜欢的地方玩。但惩罚不能使用得过于频繁，每次适可而止。当婴幼儿有悔意时，要及时撤去惩罚。

（三）引导婴幼儿进行正确的情感宣泄

许多攻击性行为的发生是由于婴幼儿在伤害情境中自我控制能力较低，一受委屈便去攻击别人。因此，抚养者和照护者有必要在日常生活中训练婴幼儿的自我控制能力和承受挫折的能力，当他们受到委屈时不要过度同情他们。

弗洛伊德认为，在人们受到挫折后，除非允许他们宣泄自己的攻击性能量，否则攻击性能量将受到抑制而产生压力。由于这种能量要寻找一种输出通道，因此便会产生暴力行为。也就是说，在一定程度上控制自己的不良情绪是允许的，但是当不良情绪被压抑到一定程度时，就会像火山爆发一样难以控制。最好的办法是抚养者教会婴幼儿用各种科学的方式来宣泄其体验到的压力情绪，做到疏而不堵，这样可以减少婴幼儿的攻击性行为。比如，可以组织有趣的活动，使其通过消耗精力达到情绪宣泄的目的。

三、教育案例

电视、网络节目未实行分级制，给当今婴幼儿的社会性发展带来了一些不利影响。

案例

气愤的乐乐

小托班教室，午睡起床环节。

起床后，教师要求幼儿自己从教室后边将小椅子搬到桌子旁边入座。乐乐听到后就去搬了一把椅子放到桌子旁，然后去取自己的午间水果，回来却发现椅子被茗茗坐了。她站了一会儿，将手里的果盘放到桌子上，又去教室后边搬了一把椅子。乐乐安静地在座位上吃完了自己的水果，然后起身将果盘和果皮拿到教师那里，回来后发现自己的椅子又被另一个小朋友坐了。这时她生气了，但是深吸一口气后，选择再去搬一把椅子。乐乐刚刚把椅子放下，又被昊昊抢着坐了。这时乐乐气急了，面红耳赤地边推搡边对昊昊说："你，走开，再不走开，我就拿平底锅拍你！"教师听到了争吵，上前处理问题。

分析与建议：

问题解决后，教师意识到充斥着打斗场景的动画片可能是乐乐的不良模仿源。为了解决这一问题，教师提出以下建议：请抚养者在家多陪陪乐乐，以减少她看动画片的时间，还可以选择陪乐乐外出玩耍，以代替看动画片。也可以陪乐乐一起阅读"小兔汤姆"系列图画书等，在阅读过程中引导她思考，为乐乐提供良好的行为模仿对象。

案例中的教师将干预重点放在了干预乐乐的当下行为上，建议教师考虑当下行为发生的原因，并认真倾听乐乐的倾诉，给予乐乐情绪宣泄的出口，教给乐乐宣泄情绪的正确方法，同时对占用乐乐椅子的几位小朋友进行批评教育。

学习检测

1. 婴幼儿分离焦虑的类型有哪些？

2. 举例说明婴幼儿分离焦虑产生的原因。

3. 请站在家长的角度思考：缓解婴幼儿分离焦虑的措施有哪些？

4. 请站在幼儿园及教师的角度思考：缓解婴幼儿分离焦虑的措施有哪些？

5. 简述婴幼儿攻击性行为的含义及类型。

6. 结合自己的实习经验分析婴幼儿攻击性行为的影响因素。

7. 婴幼儿攻击性行为的干预途径有哪些？

分享讨论

1. 材料：妥妥，男，两岁半。每天早上妈妈上班之前，都会跟妥妥讲好自己要去上班了、什么时间会回来，这段时间请妥妥在奶奶的陪伴下自己好好玩耍，等妈妈回家。但是当妈妈要走时，妥妥就会抱着妈妈的腿哭闹不止。

问题：妥妥怎么了？针对这种情况你有什么建议？

2. 材料：嘟嘟在玩消防车玩具，转身看见佳佳在搭积木。他扔下消防车，跑到佳佳身边，抢下佳佳正在搭建的积木，嘴里还喊着："这是我的！"佳佳玩得正高兴呢，丝毫不肯让步。这下嘟嘟可生气了，一下把积木全都推倒，并捡起来扔得到处都是，还把佳佳推倒在地上。

问题：材料中嘟嘟的行为是什么行为？针对这种情形你有什么建议？

3. 材料：小花园里，乐乐妈妈正在与其他人聊天。突然有小朋友哭了，乐乐妈妈一看，是和乐乐一起玩的小朋友哭了。乐乐妈妈立即走上前去，将乐乐拽到自己面前，问："你打人了？可不可以打人？"……妈妈对着乐乐一顿现身教育，最终以乐乐哭着说"我没打人"而结束。

问题：乐乐妈妈在教育乐乐的过程中出现了哪些问题？试用婴幼儿攻击性行为产生和发展的影响因素说明，并给出正确的处理方式。

4. 材料：妹妹拿着鼠标玩耍着，乐乐笑嘻嘻地走过去一把将妹妹手中的鼠标夺走，并跑向另一个角落。她停了下来，转过身看向妹妹，并朝她微笑。妹妹坐在电脑前，并没有追赶过去。乐乐见妹妹没有任何行动，就拿起鼠标在自己的耳朵旁做打电话状。不一会儿，她又走回去将鼠标还给了妹妹。

问题：乐乐的行为属于攻击性行为吗？试解释乐乐的行为动机。

🔔 实践体验

1. 以婴幼儿分离焦虑和攻击性行为为观察内容撰写两篇观察报告。

（1）分离焦虑：随机选择一所保育院，在征得院方同意的条件下，在早上入托时间，观察10名幼儿的分离焦虑行为、持续时间、教师的应对策略及结果，最后利用所学知识对记录结果进行解读。

（2）攻击性行为：在托班选择一名幼儿进行攻击性行为观察，持续一天，记录该幼儿攻击性行为的类型、持续时间、教师的应对策略及结果，最后利用所学知识对记录结果进行解读。

2. 利用多种途径收集婴幼儿情绪宣泄的方法，在进行自我体验后整理成文。

3. 收集保教机构常用的干预幼儿分离焦虑与攻击性行为的图画书故事各10篇，并分析每篇故事的核心内容及解决的主要问题，最后形成报告。

参考文献

1. ［美］简·卢文格. 自我的发展［M］. 韦子木，译. 杭州：浙江教育出版社，1998.

2. ［美］克斯特尔尼克. 儿童社会性发展指南：理论到实践［M］. 邹晓燕，等译. 北京：人民教育出版社，2009.

3. ［美］玛拉·克瑞克维斯基. 多元智能理论与学前儿童能力评价［M］. 李季湄，方钧君，译. 北京：北京师范大学出版社，2002.

4. ［瑞士］皮亚杰，英海尔德. 儿童心理学［M］. 孙佳历，叶意蓉，译. 台北：五洲出版社，1984.

5. 安瑞. 2～3岁儿童行为问题与家庭心理环境的相关研究［D］. 西安：陕西师范大学，2008.

6. 陈旭. 情境讨论、榜样学习和角色扮演对儿童助人行为影响的实验研究［J］. 西南师范大学学报（哲学社会科学版），1995（1）.

7. 邓赐平. 儿童心理理论的发展［M］. 杭州：浙江教育出版社，2008.

8. 方建移，胡芸，程昉. 社会教育与儿童社会性发展［M］. 杭州：浙江教育出版社，2005.

9. 方建移. 现代传媒在儿童亲社会行为形成中的促进作用［J］. 山东师范大学学报，2005（2）.

10. 高娜. 游戏对幼儿社会性发展的影响初探［J］. 课程教材教学研究（幼教研究），2007（1）.

11. 侯春在. 儿童心理成长论：成长论视野中的儿童社会化［M］. 南京：南京师范大学出版社，2004.

12. 侯广艳. 儿童亲社会行为与移情［J］. 青海师范大学学报（哲学社会科学版），2006（2）.

13. 胡瑛. 情商课堂——幼儿亲社会行为的研究及教养对策［M］. 杭州：浙江大学出版社，2017.

14. 黄锐. 幼儿行为分析与教育对策［M］. 北京：中国轻工业出版社，2012.

15. 黄希庭. 简明心理学辞典［M］. 合肥：安徽人民出版社，2004.

16. 姬兴涛，张智，任旭林. 儿童亲社会行为新近研究述评及启示［J］. 云南电大学报，2002（3）.

17. 解翠玲. 儿童社会性发展与教育研究综述［J］. 内蒙古师范大学学报（教育科学版），2001（5）.

18. 寇彧，王磊. 儿童亲社会行为及其干预研究述评［J］. 心理发展与教育，2003（4）.

19. 李丹. 影响儿童亲社会行为的因素的研究［J］. 心理科学，2000（3）.

20. 李凤莲. 关于儿童依恋的研究综述［D］. 长春：东北师范大学，2008.

21. 李静. 婴儿期攻击性行为的成因分析及教育引导［J］. 淄博师专学报，2008（4）.

22. 李小丽. 新观念下的幼儿游戏活动与社会性的和谐发展［J］. 科技咨询导报，2007（8）.

23. 李幼穗. 儿童社会性发展及其培养［M］. 上海：华东师范大学出版社，2004.

24. 刘明，邓赐平，桑标. 幼儿心理理论与社会行为发展关系的初步研究［J］. 心理发展与教育，2002（2）.

25. 刘秀丽，赵娜. 父亲角色投入与儿童的成长［J］. 外国教育研究，2006（11）.

26. 鲁小华，霍莉钦，丛中. 依恋及其评估方法概述［J］. 中国心理卫生杂志，2007（3）.

27. 马剑虹，何新汉，陈美微. 家庭情绪气氛对儿童依恋行为类型的影响［J］. 中国心理卫生杂志，2005（10）.

28. 孟昭兰. 婴儿心理学［M］. 北京：北京大学出版社，2005.

29. 彭桂兰. 浅谈环境对幼儿社会性发展的影响［J］. 课程教材教学研究（幼教研究），2007（2）.

30. 桑标. 当代儿童发展心理学［M］. 上海：上海教育出版社，2003.

31. 邵小佩，邹霞. 0～3岁婴幼儿保育与教育［M］. 北京：人民邮电出版社，2017.

32. 谭楣. 幼儿园五大领域核心经验［M］. 北京：中国轻工业出版社，2017.

33. 王莉. 国外父亲教养方式研究的现状和趋势［J］. 心理科学进展，2005（3）.

34. 文颐，程敏. 婴儿社会性指导活动设计与组织［M］. 北京：科学出版社，2015.

35. 文颐. 婴儿早期教育指导课程（0～3）［M］. 北京：北京师范大学出版社，2012.

36. 吴放，邹泓. 儿童依恋行为分类卡片中文版的修订［J］. 心理发展与教育，1994（2）.

37. 吴放，邹泓. 幼儿与成人依恋关系的特质和同伴交往能力的联系［J］. 心理学报，1995（4）.

38. 吴念阳. 儿童亲社会行为的研究历史与现状［J］. 福州师专学报，2002（4）.

39. 项恩芬. 论幼儿社会性教育［J］. 考试周刊，2008（18）.

40. 邢靖枫. 幼儿社会性教育［J］. 中国人口·资源与环境，2000（2）.

41. 杨丽珠，董光恒. 父亲缺失对儿童心理发展的影响［J］. 心理科学进展，2005（3）.

42. 杨丽珠，吴文菊. 幼儿社会性发展与教育［M］. 大连：辽宁师范大学出版社，2008.

43. 余斐. 婴儿的依恋类型对后期行为的影响［J］. 科技信息（学术研究），2008（8）.

44. 俞国良，辛自强. 社会性发展心理学［M］. 合肥：安徽教育出版社，2004.

45. 张芬. 培养幼儿社会交往能力的原则与途径［J］. 学前教育研究，2001（4）.

46. 张兰香. 0～3岁婴儿保育与教育［M］. 北京：北京师范大学出版社，2017.

47. 张明红. 学前儿童社会教育［M］. 上海：华东师范大学出版社，2008.

48. 张萍. 儿童亲社会行为及其培养策略［J］. 成都大学学报（教育科学版），2007（1）.

49. 张颖. 儿童攻击性行为及有效控制［J］. 聊城大学学报（社会科学版），2006（3）.

50. 赵娟玲. 幼儿社会性的培养［J］. 华章（教学探索），2007（5）.

51. 郑淑杰. 儿童社会性发展与培养［M］. 北京：中国社会科学出版社，2012.

52. 钟鑫琪, 静进. 儿童依恋的研究现状 [J]. 中国儿童保健杂志, 2007 (1).

53. 周宗奎. 儿童社会化 [M]. 武汉: 湖北少年儿童出版社, 1995.

54. 朱止丰, 白丽华. 儿童亲社会行为研究综述 [J]. 铜仁职业技术学院学报, 2009 (4).

55. 宗爱东. 儿童亲社会行为研究中的三个问题 [J]. 淮北煤炭师范学院学报 (哲学社会科学版), 2005 (4).